Fairy Wisdom Oracle

Written by Nancy Brown
Artwork by Amy Brown

First Edition

10 9 8 7 6 5

Made in China

Published by
U.S. GAMES SYSTEMS, INC.
179 Ludlow Street • Stamford, CT 06902 USA
www.usgamesinc.com

Tarô Mágico das Fadas

Escrito por Nancy Brown
Ilustrado por Amy Brown

Editora Pensamento
SÃO PAULO

Título do original: *Fairy Wisdom Oracle*.

1ª edição 2025.

Editor: Adilson Silva Ramachandra
Gerente editorial: Roseli de S. Ferraz
Gerente de produção editorial: Indiara Faria Kayo
Tradução: Sandra Trabucco Valenzuela
Preparação de originais: Marta Almeida de Sá
Editoração Eletrônica: Join Bureau
Revisão: Erika Alonso

Dados Internacionais de Catalogação na Publicação (CIP)
(Câmara Brasileira do Livro, SP, Brasil)

Brown, Nancy
Tarô mágico das fadas / escrito por Nancy Brown; ilustrado por Amy Brown; tradução Sandra Trabucco Valenzuela. – 1. ed. – São Paulo: Editora Pensamento, 2024.

Título original: Fairy wisdom oracle
ISBN 978-85-315-2405-9

1. Tarô I. Brown, Amy. II. Título.

24-238334 CDD-133.32424

Índices para catálogo sistemático:
1. Tarô: Artes divinatórias 133.32424
Cibele Maria Dias – Bibliotecária – CRB-8/9427

Direitos de tradução para o Brasil adquiridos com exclusividade pela
EDITORA PENSAMENTO-CULTRIX LTDA., que se reserva a propriedade literária desta tradução.
Rua Dr. Mário Vicente, 368 – 04270-000 – São Paulo – SP – Fone: (11) 2066-9000
http://www.editorapensamento.com.br
E-mail: atendimento@editorapensamento.com.br
Foi feito o depósito legal.

Bem-vindo ao Tarô Mágico das Fadas

Este livro nos brinda com os vislumbres necessários para nosso cotidiano, nos ajudando a ver quais mudanças podem ser feitas para melhorar nossa vida aqui na Terra. Há mais em nosso mundo do que percebemos com frequência. Há muitas dimensões e inúmeros seres que habitam outros reinos. Todos esses elementais estão interconectados a nós. Não somos independentes uns dos outros, mas, sim, interdependentes. Esses seres maravilhosos estão aqui para nos ajudar. Eles não apenas cuidam da Terra como também executam um trabalho árduo para cuidar de nós. Estamos familiarizados com muitos deles – os anjos, as fadas e os elfos. Existem muito mais seres dos quais não temos consciência, mas que, no entanto, contribuem para o funcionamento do nosso planeta. Lembre-se, ao longo de seu dia, de pedir ajuda ao mundo elemental sempre que achar necessário. A necessidade nunca é pequena demais para invocá-los. Quando os seres que habitam esses outros mundos nos auxiliam, eles avançam em seu desenvolvimento espiritual. De nossa parte, quando permitimos que eles nos ajudem, podemos evoluir no campo espiritual.

A todos esses seres,

NOSSA GRATIDÃO.

Leituras

Você poderá optar por tirar uma carta todos os dias, como meta diária, ou, ainda, uma vez por semana, ou uma vez por mês, para sua orientação. Antes de fazer a leitura, defina qual será o espaço de tempo que você adotará entre uma leitura e outra. Se tiver uma pergunta específica, concentre-se nela enquanto embaralha as cartas.

É possível, também, simplesmente pedir para receber a mensagem de que mais necessita por meio da sua leitura. Quando tirar uma carta, leia-a e pense em como ela se reflete em sua pergunta ou em sua vida. Por exemplo: "Irei encontrar o meu verdadeiro amor?". O que essa carta diz sobre os aspectos que você deve trabalhar com o intuito de se preparar para ter um relacionamento duradouro e significativo em sua vida?

Agora, vamos começar

Encontre um lugar calmo, onde possa relaxar. Se desejar, acenda uma vela e ponha uma música relaxante. Segure as cartas nas palmas das mãos, respire fundo e relaxe. Limpe a mente. Peça aos anjos, guias e seres elementais auxiliares, todos aqueles que têm os melhores interesses no coração, que o ajudem a escolher a carta perfeita para você. Agora, feche os olhos e respire. Imagine que você é uma árvore e permita que, a partir da sola dos pés, as raízes cresçam e penetrem profundamente na Terra. Sinta a terra fresca e úmida, conforme essas raízes forem se aprofundando cada vez mais. Elas se movem ao redor de pequenas pedras e passam por grandes cristais, por meio de um riacho subaquático, e descem cada vez mais fundo até chegarem ao núcleo da Terra. Então, começam a trazer a energia da Terra para cima, através das raízes, nutrindo os pés e o corpo, por onde passam a circular. Agora, considerando o topo da cabeça, sinta os ramos crescerem. À medida que forem se elevando mais e mais para o alto, em direção ao céu e ao infinito, sinta a conexão com as energias universais. Traga essas energias de volta, através dos ramos, até o corpo, e permita que elas circulem com a energia da Terra. Nesse momento, você sentirá uma ligação com as profundezas e com os céus. Sinta a paz e a unidade com tudo o que existe.

Quando começar a embaralhar as cartas, vibre com a intenção de pegar a carta mais apropriada para você. Não tenha pressa, embaralhe-as até que sinta quais são as certas. Depois, escolha a que lhe parecer mais adequada e vire-a. Pode ser que você tire a carta de cima ou a de baixo, ou talvez espalhe as cartas numa mesa e escolha uma. Não importa como fará sua escolha. Às vezes, uma carta salta do baralho. Se isso acontecer, olhe para ela e veja qual é a mensagem. Esta pode ser a carta que deve escolher ou pode ser uma mensagem adicional destinada a você... você saberá. Então, consulte o livro e veja o que o seu eu superior está tentando lhe dizer. Seja honesto e sincero consigo mesmo para poder se beneficiar da mensagem. Ninguém mais precisa saber. Quando tiver terminado, lembre-se de agradecer aos seres auxiliares.

Leituras de cartas para o passado, o presente e o futuro

Outra maneira de dispor as cartas pode ser efetuada pela tiragem de seis cartas. Embaralhe as cartas. Enquanto as segura nas mãos, tire apenas uma do topo do baralho. Coloque a primeira carta virada para cima, na mesa, à sua esquerda. Ao lado dela, coloque a segunda carta. Estas cartas revelam o que o passado traz para a sua vida atual. Então, coloque a terceira e a quarta cartas sobre a mesa. Elas mostram a vida atual. Agora, coloque a quinta e a sexta cartas na mesa. Estas últimas revelam situações ou conceitos aos quais deve prestar atenção com o intuito de que sejam trabalhados no futuro. São situações futuras, de eventos que ainda poderão ocorrer em sua vida. Leia os significados de cada carta e interprete-os para compreender como eles se aplicam a você e a cada período de tempo em particular.

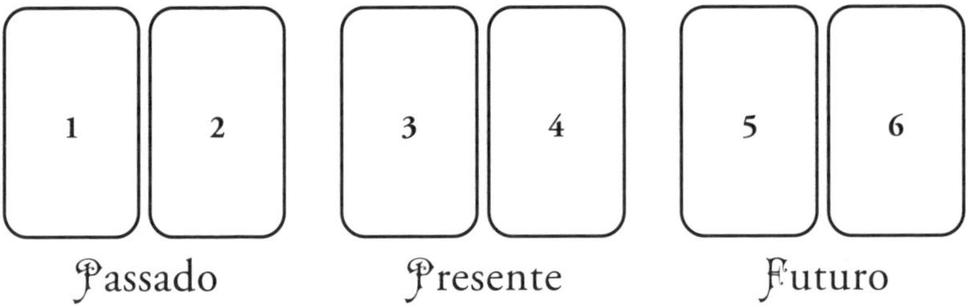

Lembre-se sempre... você é o autor da história de sua vida. Você poderá criá-la da maneira que quiser. Poderá mudar o final sempre que desejar!

Espero que estas cartas o ajudem a olhar mais profundamente para as perguntas e as respostas da vida e que, ao fazê-lo, crie a melhor vida que puder imaginar! Que as bênçãos das fadas brilhem sempre sobre você.

Cuidados com o Tarô Mágico das Fadas

Talvez você queira purificar seu *deck* antes de usá-lo pela primeira vez, ou até mesmo em outras ocasiões, depois disso. Por exemplo, pode ser que o baralho tenha estado com você em meio a um grande grupo de pessoas e o fato de que ele possa ter absorvido alguma energia do ambiente o preocupe. Para purificá-lo, sente-se em silêncio diante de uma mesa com o baralho à sua frente. Coloque uma vela acesa perto de você. Isso ajudará de imediato a limpar a área e tudo o que estiver dentro dela. Um pequeno copo ou um frasco com água sobre a mesa também pode ser útil. Usando um incenso aceso ou um graveto de sálvia, passe suavemente as cartas pela fumaça ondulante. Enquanto fizer isso, envie uma mensagem com a intenção de que as cartas sejam limpas pela fumaça. A intenção da sua mente é o que fará a purificação, mas o ritual diz à mente o que fazer. Continue sua ação até sentir que o processo está concluído. Você saberá quando. Você também poderá entoar palavras de purificação enquanto estiver fazendo a limpeza. (Uma nota rápida: se não tiver incenso nem sálvia para fazer a purificação, basta visualizar que eles estão ali e, então, executar os movimentos, concentrando-se em suas intenções.)

CANTO

Em nome de tudo o que é puro e doce,
peço que a fumaça e as cartas se encontrem.
Invoco as fadas queridas,
para fazer o trabalho e as minhas cartas limpar.
Minha energia é tudo o que é necessário,
e nestas cartas ela está semeada.
Agora, o trabalho pode começar;
é perguntar e logo mergulhar no interior.
Que assim seja!

Suas Cartas

Quando receber seu *deck* de cartas pela primeira vez, comece a sintonizá-lo com suas próprias vibrações. Primeiro, coloque o baralho aberto entre as palmas das mãos e sente-se calmamente com ele, de olhos fechados. Inspire e expire suavemente e relaxe. Sinta a energia das palmas deslocando-se para as cartas. Projete a intenção de que as cartas recebam a sua energia. Isso fará que elas saibam que pertencem a você. O baralho trabalhará com sua energia e com o reino elemental para direcioná-lo às respostas que procura. Mantenha a mente aberta e se disponha a olhar com profundidade, examinando suas motivações e seus desejos interiores.

As CARTAS

1. Atitude

PALAVRA-CHAVE: ATITUDE

Se você tirou a carta da Atitude, pode ter certeza de que há aqui uma mensagem para você. Observe com atenção a maneira como interage com os outros. Defenda seus direitos e seus ideais, mas honre também as posições alheias. O que parece óbvio para você pode não ser tão óbvio para outra pessoa. Mergulhe até o mais fundo de si e pergunte: "O que é que eu preciso observar em mim?". Podemos escolher agir ou reagir a qualquer situação. Você sente muita tensão diante de uma situação difícil? Ou respira fundo, se concentra e logo considera qual seria o melhor curso de ação? É importante ouvir a voz interior, que sabe que o Espírito quer o melhor para si. Peça ajuda e lembre-se de que cada problema tem a própria solução. Seu ser interior terá grande satisfação ao sussurrar a você essa solução. Às vezes, ela vem em palavras ou em pensamentos de discernimento. Outras vezes, vem como uma mensagem que o incita a acreditar no fato de que o Universo está movimentando energia para manifestar o resultado perfeito. Esse é um exercício de confiança e fé. Preste atenção em tudo o que diz e pensa durante todo o dia. Sempre que surgir um pensamento negativo ou de julgamento, substitua-o de imediato por um pensamento positivo. Lembre-se: aquilo em que se concentra é o que você atrai para a sua vida, por isso, escolha com cuidado o tipo de vida que deseja ter. O simples ato de colocar um sorriso no rosto gera uma mudança química no corpo que provoca sentimentos mais felizes. Os outros também reagirão a você como um reflexo da maneira como você se apresenta a eles. Lembre-se de evitar julgamentos de si próprio, dos outros ou das situações. Reúna os fatos, peça ajuda divina e, depois, ouça o que deve fazer.

CANTO

Mãe, pai, Deus,
ajudem-me a ver o que preciso ver
e a libertar o que preciso libertar.
Ajudem-me a ver dentro do espelho,
com clareza e discernimento de meu ser interior.
Ajudem-me a perdoar tanto a mim como aos outros,
para que eu possa viver a vida mais feliz
e o mais bem-sucedida possível.
Que assim seja!

Ainda hoje, faça caretas para você diante do espelho!

2015

2. Pausa para o Café

PALAVRA-CHAVE: APRECIAÇÃO

Sente-se e aprecie sua vida. Descontraia-se com uma xícara de café ou de chá e faça questão de recordar-se de modo consciente de tudo o que tem para agradecer. Considere suas bênçãos: um lugar para se sentar... uma xícara para que possa beber... uma bebida da qual desfrutar... O que poderia ser melhor? Olhe ao redor e aprecie tudo o que o cerca. Não acha que é abençoado de verdade? Essa fada adoraria tomar um café ou um chá com você. Muitas vezes, damos como certo tudo o que temos. É hora de viver num estado de constante gratidão. A gratidão desempenha um papel importante no processo de atrair o que deseja para a sua vida. A gratidão mostra ao Universo que você está pronto para receber mais coisas boas em sua vida. É uma parte vital do seu processo de manifestação. Para alcançar o estado de gratidão, é preciso recuar e se colocar num estado de espírito receptivo. Relaxe e reflita com calma sobre a vida e todas as bênçãos recebidas. Todos os pensamentos se refletem no corpo. Por isso, é importante fazer essas pequenas pausas e mergulhar na serenidade. Lembre-se de reservar algum tempo para relaxar e rejuvenescer. Não se esqueça de reparar até nas menores bênçãos que estão ao seu redor! Uma fragrância maravilhosa ao vento... uma borboleta voando... o sorriso e a alegria de um bebê... o suspiro mais sutil. Você poderá encontrar uma bênção em tudo o que está em seu mundo, basta abrir-se para ela.

CANTO

Oh, vida que vive em toda a criação,
conceda-me a capacidade de apenas ser.
Ajude-me a invocar a minha visão interior,
para ver tudo o que existe em meu mundo
em sua verdadeira beleza e majestade.
Eu aceito com gratidão o seu amor.
Que assim seja!

Faça hoje uma pausa mais longa para o café!

3. Dragão Mau

PALAVRA-CHAVE: JULGAMENTO

A carta Dragão Mau indica que você ou outra pessoa está sendo castigada. Olhe para dentro de si. É você que está se julgando, ou está julgando uma situação ou outra pessoa? Observe cada situação por todos os ângulos e pergunte que lição ela tem para dar. Liberte todo o julgamento de si, da outra pessoa ou de uma situação em particular. Afinal, quem é você para julgar? Você atrai para si os acontecimentos da sua vida... Só você deve assumir a responsabilidade por tudo o que acontece em sua vida. Tudo não passa de uma lição; por isso, concentre-se no que aprendeu. Seja mais gentil consigo e com os outros. Afinal de contas, até um dragão pode ter um dia para ser "mau" de vez em quando. Que lições você trouxe para sua vida? Felicidade? Tristeza? É por meio dos seus poderes de manifestação que você cria sua realidade. Seus padrões de pensamento e ações são responsáveis pelo seu mundo. O que pensou e fez no passado manifesta-se no presente. Então, o que você quer mudar em sua vida atual? O que deseja manifestar no seu futuro? Consegue ver que sua vida é uma história na qual pode escrever a próxima página... e a página seguinte? O passado é apenas uma lição que deve ser aprendida. Tome o conhecimento que adquiriu e siga em frente. Deixe para trás os medos, a culpa e a raiva.

CANTO

Peço, em nome do Espírito,
que eu seja dotado com o discernimento e o conhecimento
que vão me manter em meu caminho espiritual.
Peço ajuda para lidar com tudo o que acontece em minha vida,
e capacidade de aprender com isso.
Peço orientação, para que eu não julgue.
A vida é apenas uma lição que me conduz ao Espírito.
Que assim seja!

Este é o dia de libertar-se de todas as amarras!

4. Nascimento da Magia

PALAVRA-CHAVE: INOCÊNCIA

Aqui está uma mensagem para abrir o coração e encontrar sua criança interior. A alegria, a confiança e a admiração infantis são, muitas vezes, abafadas à medida que nos tornamos adultos. Lembre-se de enxergar a magia através dos olhos e da mente de sua criança interior. Recorde o espírito da criança-fada que existe dentro de você, que ri e canta livre e solta. Traga essa essência para sua vida, deliciando-se na natureza. Veja para além da mente adulta e olhe para a realidade do mundo elemental ao seu redor. Peça a ajuda aos elementais para se conectar com a magia interior e trazê-la para fora em tudo o que você faz. Como humanos, tendemos a ficar presos aos nossos deveres e às nossas realizações; ao que temos e ao que não temos. Levamos a vida muito a sério. Se houver crianças pequenas em sua vida, observe-as e veja como elas reagem ao mundo em seu entorno. Elas são pura emoção e pura alegria. O entusiasmo delas, mesmo nas menores coisas, é, em essência, o seu espírito, que se deleita com o simples fato de existir. O som de um pequeno carrilhão as faz soltar gargalhadas. Um fio de luzes multicoloridas as encanta, despertando-lhes admiração. O sabor de um novo alimento provoca nelas um olhar de incredulidade. As crianças absorvem tudo por inteiro. Não se deixam deter por medos ou expressões como "e se...". Vivem para explorar, para aprender e se alegrar. Vivem no presente. Tudo é um milagre para elas, assim como seria para nós, se percebêssemos isso. Tente enxergar o seu mundo com os olhos de uma criança, sem filtros, e aberto ao que a vida tem para oferecer. Se escolheu esta carta, é possível que uma criança pequena esteja prestes a entrar em sua vida. Talvez você esteja trabalhando com uma criança ou com sua própria criança interior.

CANTO

Oh, reino mágico,
que habita dentro e fora,
vem através do meu ser para que eu possa deleitar-me
com a sabedoria dos jovens.
Em tudo o que eu fizer, ajude-me a experimentar a alegria e o riso
que habita o meu ser infantil.
Ajude-me a viver no presente e a abordar cada momento
com uma confiança inocente no plano divino da minha vida.
Agradeço por minha ligação divina.
Que assim seja!

Hoje é dia de saltitar em vez de caminhar!

5. Joia do Mar

PALAVRA-CHAVE: PROFUNDIDADE

Os mistérios do mar expandem a nossa consciência para os mistérios da vida. O mar é um lembrete do muito que ainda desconhecemos sobre o nosso próprio mundo. Permita-se essa abertura ao desconhecido e explore as profundezas. Mergulhe fundo na aventura da vida. Não fique sentado à margem. Torne-se um participante ativo. Saia e inicie a viagem agora. Leia e estude tudo sobre o conhecimento antigo, aprenda a explorar a sabedoria que está à sua volta. Torne-se consciente de tudo o que faz. Ao mesmo tempo, saiba que o mundo e a sua vida estão se desenrolando como deve ser. Deixe que essa sereia guie você até as joias que se encontram em seu interior. A água representa a água astral... o material a partir do qual toda a vida é formada. É a nossa essência. A água da Terra é usada como um sacramento para nos abençoar. A água salgada purifica e cura. Os mares são profundos e misteriosos, assim como o nosso ser essencial. Há muitas coisas das quais não sabemos sobre o mar e sobre nós. Se você pudesse viajar até as profundezas de seu ser, quais tesouros encontraria? A viagem está aí para que você a faça. É uma viagem abençoada! Vá em frente... encontre as joias que vivem em suas profundezas. Traga-as à superfície para poder examiná-las e mostrá-las à luz do dia. É nessa luz que você pode ver todas as facetas que aguardam a sua exploração. Veja como elas se refletem de forma maravilhosa! Sempre que mergulhar na água, seja para tomar banho ou nadar, visualize suas propriedades purificadoras e curativas penetrarem profundamente sua aura e seu corpo. Se estiver se banhando, visualize todos os pensamentos negativos e sinta-os sair do seu corpo, escorrendo pelo ralo. Nesse momento, eles podem ser transformados em energia criativa para o bem, pela Mãe Terra.

CANTO

Mãe, Deus Pai... permitam que aquilo que habita em mim
se expanda e cresça em conhecimento e sabedoria.
Mostrem-me os mistérios que colocaram à minha volta e dentro de mim,
e ajudem-me a compreender o seu significado e a sua mensagem.
Guiem-me na minha viagem e ajudem-me a me manter
em sintonia com o meu caminho.
Enquanto viajo, sei que estou seguro em seus braços
e que iluminarão o meu caminho.
Que assim seja!

Mergulhe numa poça de lama hoje!

6. Não Me Esqueça

PALAVRA-CHAVE: PARTIDAS

Ao longo de seu caminho na vida, haverá experiências e pessoas que você deixará para trás. Independentemente da tristeza que isso possa trazer, procure sempre as dádivas que elas propiciaram. Há uma dádiva em tudo o que surge no seu caminho, e cabe a você permitir que ela seja reconhecida pelo que é. Algumas separações são tristes, outras, um alívio, e outras, alegres. Uma coisa é certa: todas as coisas estão em contínua mudança. Por isso, aprenda a prosseguir com o fluxo. Às vezes, as pessoas têm de partir para que você ou elas possam crescer. Às vezes, elas voltam; outras vezes, não. Peça ajuda às fadas para lidar com seus sentimentos e poder seguir em frente. A vida é contínua e não tem fim. Uma pessoa não se muda para outra cidade e deixa de existir só porque já não consegue vê-la com frequência. O mesmo acontece com a passagem deste plano terrestre. A vida continua, mas nós aqui na Terra não podemos ver essa vida na forma a que estamos habituados. Sem mudança, não há crescimento, e, assim, nossa alma ficaria estagnada. É preciso aceitar as mudanças e as partidas como parte da continuidade da vida. A vida evolui como deve ser. Afinal de contas... as pessoas não ficam no teatro depois de o espetáculo ter acabado, não é mesmo? É importante examinar as relações passadas. O que você aprendeu com elas... o que elas lhe deram... como é que vocês abençoaram a vida uns dos outros? Não há problema em vivenciar o luto, mas faça-o com gratidão. Mesmo que as pessoas estejam em outra cidade ou tenham partido deste planeta, você pode enviar-lhes mensagens da sua mente, e elas as receberão. Basta estar tranquilo e relaxado e pensar no que gostaria de dizer a elas. Os anjos, os guias e elementais ajudarão a entregar sua mensagem.

CANTO

Peço que meu coração seja preenchido com a leveza e
a alegria do coração de uma fada.
Eu sei que todas as coisas se manifestam para o meu bem,
mesmo que eu nem sempre veja isso no momento.
Eu recebo e liberto aqueles que entram e saem da minha vida,
com amor e bênçãos, independentemente das circunstâncias.
Que assim seja!

Hoje, amarre uma fita em volta de seu dedo.
Com certeza, isso fará você se lembrar de alguma coisa!

7. Dragões Demais

PALAVRA-CHAVE: AGENDAS

Quando a vida nos põe para baixo, está nos dizendo para fazer uma mudança. Está se movendo em diversas direções e assumindo muitas responsabilidades? Gosta do que está fazendo? É o momento de colocar as coisas em ordem. Reserve um tempo sagrado só para você todos os dias. Dê um passo para trás e dê prioridade às obrigações da sua vida. Faça todas as tarefas com espírito de alegria! Um trabalho feito sem alegria não é benéfico para ninguém. Liberte todas as preocupações ao vento da transformação. Não há problema em expulsar alguns dragões! Quando se tem coisas demais na cabeça, direções demais a serem seguidas, tende-se a estressar o corpo. É importante libertar sua vida das coisas que não são do seu interesse. Se você é uma pessoa que cai na armadilha do "Se eu não fizer, quem vai fazer?", liberte-se de tudo o que não precisa fazer e logo verá que os outros o farão. Pode ser a lição de que eles necessitam para crescer. Pergunte a si mesmo por que você se agarra a determinadas tarefas. Está tentando ser uma superpessoa para agradar os outros? Ou sente que tem de provar o seu valor? Será que seu ego lhe diz que os outros não conseguem fazer as coisas tão bem quanto você? Se for algo que gosta de fazer, saberá que é adequado para você. Se não, pense melhor. É importante lembrar-se de não programar demais as crianças. Elas precisam de tempo para aprender a criar por si mesmas, um tempo para a imaginação fluir. É bom estar aborrecido de vez em quando. O aborrecimento é uma situação em que se pode explorar o que está dentro da mente e descobrir seu potencial. Você se lembra de, na infância, ter se deitado de costas e ficar olhando para as nuvens e imaginando coisas? Quais eram as imagens que conseguia ver? Essa é uma parte vital dos direitos de todas as crianças... o direito de sonhar acordado e de simplesmente ser. Talvez seja o momento de se deitar sobre a relva e de ficar olhando para as nuvens.

CANTO

Oh, Espíritos da Natureza,
venham até mim agora e acalmem os meus pensamentos.
Usem suas formas transformadoras para me equilibrar.
Aterrem-me com firmeza ao núcleo de cristal da Terra,
através de uma linha direta do cristal dentro do meu coração.
Plantem meus pés com firmeza sobre a crosta da Terra
e alinhem meu coração com o céu...
para que eu esteja equilibrado acima e abaixo.
Que assim seja!

Passe um pouco das suas responsabilidades para os outros hoje!

8. Inverno

PALAVRA-CHAVE: REJUVENESCIMENTO

O inverno faz parte da transformação da vida dentro do grande ciclo... a dormência da natureza e de tudo o que habita a Terra. Você pode querer entrar em sua caverna de rubi e ficar sozinho consigo mesmo e com o Espírito. É tempo de observar seu funcionamento interior e de trabalhar com os grandes mistérios da vida. A mudança está no ar, mas, antes que ela se manifeste, é preciso descansar para as atividades da primavera. Este é o momento de reunir suas energias. Esta carta revela que está quase tudo pronto para a próxima fase da vida; no entanto, antes de entrar nessa fase, é necessário descansar e hibernar na caverna do inverno, consciente de que está seguro e quente dentro da Terra. Você chegou longe em sua viagem... deixe que as fadas o guiem para esse lugar de descanso. Para cada atividade é preciso um respectivo repouso. Isso manterá você em equilíbrio enquanto prosseguir em seu caminho. Este é um momento de regeneração. Cuide de si. Reserve algum tempo para assistir a um bom filme, ler um livro, dedicar-se a um passatempo, meditar, dar um passeio num país das maravilhas de inverno ou tirar uma soneca feliz... faça o que quiser, o que lhe pareça correto e pacífico. Dê permissão a você para descansar e rejuvenescer. É uma necessidade básica. Observe os cães e os gatos... Veja quantas horas por dia eles dormem. O tempo de preparação é tão importante quanto o da própria viagem. Sem uma preparação adequada, não se vai muito longe.

CANTO

Espírito do inverno, envolva-me no calor e no contentamento da vida em repouso.
Traga-me o conhecimento de que estou alojado no Espírito,
não importa o que se passa no mundo lá fora,
estou em harmonia dentro do meu coração.
O frio do inverno não pode me encontrar.
Aceito de bom grado este período como o meu tempo de rejuvenescimento.
Escolho suspender-me no brilho da luz do inverno.
Quente, pacífica e brilhante
é a minha jornada interior?
Que assim seja!

Faça flocos de neve de papel hoje mesmo!

9. Trílio

PALAVRA-CHAVE: AMOR-PRÓPRIO

Aprenda a apreciar tudo o que é delicado e suave em sua natureza, como apreciamos as flores. Mergulhe naquela parte terna de si, que contém a criança e o pai cósmico. Vá até o seu interior e encontre a criança pequena que pede abrigo das tempestades da vida. Envolva suas asas em volta dessa criança, dando-lhe amor e conforto. Veja essa criança desabrochar dentro do amor incondicional do Universo... e se transformar num suave ser de luz. Aqui reside o potencial para todas as coisas maravilhosas. Permita-se a nutrição que o ajudará a florescer até chegar ao máximo que você pode se tornar. Muitas vezes, ao longo da vida, olhamos para todas as coisas de que não gostamos em nós, em vez de enxergarmos como somos maravilhosos de verdade. Que pena! Você acha que poderia ir mais longe se fosse regado apenas com elogios, orientação positiva e apoio? O criador derrama bênçãos o tempo todo sobre nós. Cabe a você aceitá-las em seu coração e em sua vida. Ame-se. Não se esqueça de seu nascimento divino neste Universo. Você é uma centelha divina dessa força de Deus, e nada pode tirar isso de você. É por seu intermédio que Deus escolhe expressar o amor no plano terrestre. Você é uma expressão e parte de Deus. As fadas reconhecem isso em você. Muitas vezes, elas ficam perplexas com o fato de nós, humanos, não percebermos nossa própria divindade, algo que é tão natural no reino elemental. No entanto, elas desejam ajudar, por isso, sigam o seu exemplo. Sintam a graça natural que o Espírito colocou neste planeta. Sintonize-se com essa graça. Através da natureza, conecte-se com o Espírito. Sinta o amor, a paz e o conforto do Espírito Divino em todas as áreas da sua vida. Nós nunca estamos sozinhos. O pai cósmico está sempre conosco.

CANTO

Querida Mãe Terra e Pai Céu,
estou aqui para receber o amor que é meu por direito
como um filho do Espírito.
Eu trago este amor para o meu coração
e regozijo-me.
Agradeço a potencialidade pura que sou eu.
Permito-me crescer e florescer em sua luz e em sua energia.
Que assim seja!

Escreva hoje um poema de amor dedicado a você!

10. Quando as Fadas se Tornam Más

PALAVRA-CHAVE: RENDA-SE

Quando tudo parece estar dando errado e a vida parece não fazer sentido, simplesmente se renda! Aqui está a mensagem do amor do Espírito. Apenas entregue tudo à Unidade. Peça a solução perfeita, relaxe e espere que aconteça. Lembre-se de que o tempo do Espírito é perfeito. Permita que a energia universal de Deus trabalhe ao seu redor e por todos os caminhos para trazer soluções. Abra-se ao funcionamento mágico do Espírito em sua vida. Nenhuma fada é má de verdade, e isso vale para os humanos também. Reconheça seu eu divino. Lembre-se de permitir que qualquer culpa, vergonha, raiva ou medo do presente ou do passado desapareça de você para que possa caminhar com liberdade. Não há espaço em sua vida para arrependimento e ressentimento. Você recebe sempre o perdão e deve se perdoar para perdoar os outros e encontrar a paz. Olhe para dentro... O que você está segurando? Abençoe e libere tudo e qualquer coisa que não seja para o seu bem maior. Agradeça o trabalho realizado em sua vida e as lições que trouxe... agora, liberte-se! Sinta a luz cristalina pura do Amor Divino enquanto ela banha seu corpo. Ela libera de sua aura tudo o que não é para o seu bem maior, penetra suas células com a luz da cura e do amor, envolve seu corpo com uma barreira protetora para garantir que você esteja protegido por inteiro, abre você para o amor e a compreensão. Todos têm uma segunda chance, seja neste plano ou em outro. Você pode escolher ser perdoado e perdoar. Você pode escolher andar na Graça Divina. Deus não é punidor. Somos nós, humanos, que nos punimos. Quando nos livramos desse hábito de nos punir, liberamos muita energia para uso construtivo. Mova-se para essa energia e use-a deste dia em diante para o bem maior de todos.

CANTO

À luz do verdadeiro conhecimento,
agora, vejo meu caminho livre dos fardos que antes me prendiam.
Dou graças e agradeço a todos os que me ensinaram ao longo do meu caminho.
Dou graças pelo estado de graça em que agora escolho viver, livre e em paz.
Aceito esta graça verdadeira em meu coração e em minha vida
e caminho na luz divina.
Que assim seja!

Agite uma bandeira branca hoje!

11. Algo Surpreendente

PALAVRA-CHAVE: MUDANÇA

Você sente algo novo no ar? Os ventos da mudança estão sobre você, e é de suma importância prestar atenção. Este é um momento para receber e manifestar. Permita que o Espírito revele suas mensagens do mistério do ser. Olhe para o incomum dentro do usual. Veja com mais profundidade tudo o que está ao seu redor. Olhe embaixo da pedra... Uma fada está olhando para você? Trabalhe com os elementos e os elementais. Ouça a música que o riacho canta para você e a canção de ninar dos galhos das árvores movendo-se no alto. O mundo está vivo e repleto de conhecimento. Deixe que ele desperte seus sentidos para uma percepção mais clara de todas as coisas. Este é um momento para se aprofundar no que está oculto. É como se um portal tivesse se aberto para você passar pelos mistérios da transformação. Está tudo claro para você entender, se quiser. A informação de que você precisa chega até você no momento perfeito. Alguém pode lhe oferecer um livro para ler. Você pode tropeçar numa fonte de forma inesperada. Você pode encontrar uma pessoa que lhe traga as mensagens que estava esperando. Esteja alerta agora mesmo para as mudanças que o Universo está enviando para seu caminho. Este é um momento de grande crescimento potencial para você. Use-o com sabedoria e em sua extensão máxima. Os ventos estão se reunindo em todas as direções. O que eles soprarão em seu caminho? Esteja pronto, mantenha a disposição!

CANTO

Ventos do Leste,
tragam-me a mensagem de mudança de vida.
Ventos do Sul,
tragam-me as oportunidades de novas escolhas.
Ventos do Oeste,
tragam-me o conhecimento necessário para tomar decisões esclarecidas.
Ventos do Norte,
mantenham-me em meu caminho divino.
Energias superiores,
instilem-me honra.
Energias inferiores,
aterrem-me ao meu propósito.
Anjos e elementais, agradeço sua ajuda.
Que assim seja!

Que algo surpreendente aconteça hoje!

12. Devoção

PALAVRA-CHAVE: AMOR INCONDICIONAL

Você está pensando em se dedicar a alguém? Primeiro, certifique-se de que você é devotado a si mesmo. Comece abraçando a devoção do Espírito por você. Sinta-a por dentro e por fora. Sinta-a preenchendo o cristal facetado em seu coração. Centralize-se com firmeza na luz branca da energia do Espírito, que lhe dá vida. Aterre-se de modo firme à Terra, que alimenta e cuida de você. Preencha-se até a borda com a majestade do amor incondicional. Então, distribua-o, a partir do suprimento infinito, que é seu por direito. Honrando o Espírito e o Espírito que está dentro de você, é assim que se está pronto para receber o amor e dá-lo ao outro. Se você é devoto ao outro de verdade, honrará suas crenças, seu direito a opiniões e escolhas, assim como o divino dentro dele. Honre os outros apenas por serem quem são. Veja o reflexo de Deus em seus olhos. Reconheça que cada pessoa tem seu caminho divino e lições a aprender. Não faça julgamentos. No entanto, esteja disponível quando for chamado para ajudar e amar... ou talvez apenas para segurar a mão de alguém. Muitas vezes, nos deparamos com relacionamentos difíceis de manter. Às vezes, o medo é o que nos impede de mergulhar fundo nos relacionamentos. Há o medo da rejeição, de não ser bom o suficiente ou digno, e o medo de ser magoado. No entanto, quando nós nos amamos, podemos amar os outros. Peça ao Espírito para lhe dar o que for melhor para você e confie nele para que o faça. Você é bom o suficiente do jeito que é! Você é digno de amor e de um bom relacionamento. O Espírito preenche nossos desejos das maneiras mais maravilhosas e, às vezes, misteriosas.

CANTO

Eu agradeço o amor incondicional que corre por meio de cada célula do meu ser.
Eu agradeço por ser um canal do qual essa energia flui.
Eu agradeço ao Deus dentro de cada ser na Terra.
E eu agradeço o reconhecimento de tudo isso.
Eu permito que o Espírito trabalhe seus mistérios por meu intermédio.
Eu sou devotado ao Espírito e a mim mesmo...
e agora sou capaz de me oferecer ao outro por inteiro,
pois estou no eterno fluxo branco cristalino da Luz de Deus.
Que assim seja!

Faça e dê um presente de Dia dos Namorados para alguém hoje!

13. Dragão da Lua

PALAVRA-CHAVE: EMOÇÕES

A Senhora Lua pode fazer as marés subirem e descerem e, com elas, suas emoções. Às vezes, essas emoções podem ser cordeiros e, às vezes, podem ser dragões! Quando o Dragão da Lua fizer uma visita a você, simplesmente convide-o para entrar e sentem-se juntos por um tempo. Compartilhe uma xícara de chá de fada com ele. Permaneça em seu espaço alguns momentos e absorva seus sentimentos. Esses sentimentos não são ruins nem bons. Eles apenas são. Permita que o dragão fale, e ele será apaziguado. Pode ser de grande ajuda escrever um diário nesses momentos. Expressar tudo o que está dentro libera a pressão da maré lunar. Muito pode ser feito sentando-se com o dragão e ouvindo o que ele tem a dizer. Tente fazer isso da próxima vez em que a Lua tiver poder sobre você... Veja o quão rápido você doma o dragão. Então, toda essa energia poderá ser colocada em um propósito útil para o seu bem maior. Somos humanos com sentimentos, hormônios, emoções, gostos e desgostos. Todos nós temos atrações por coisas diferentes e diversas maneiras de enxergar as situações. Isso de fato é bom! No entanto, quando as emoções se tornam mais intensas, é melhor se sentar com elas e apaziguá-las. As emoções estão tentando lhe dizer algo! Olhe para essas emoções com honestidade e as explore para compreender o que elas significam. Chegue à verdadeira fonte de seus sentimentos. Continue perguntando "Por quê?" e dizendo "Conte-me mais!" até que você tenha a história completa. Inspire fundo e deixe o corpo relaxar e respirar com facilidade. Peça ao Espírito que lhe mostre outra maneira de olhar para a situação. Peça equilíbrio para o corpo, a mente e o espírito. Expire e fique em paz. Peça soluções perfeitas e esteja disposto a deixá-las vir até você. Ouça!

CANTO

Senhora Lua, ajude-me a fluir e a refluir suavemente com sua maré.
Permita que o dragão dentro de mim recue.
Traga-me paz e harmonia,
assim como a senhora pode acalmar o mar.
Libere minhas emoções ao infinito,
para que eu possa viver em minha divindade.
Que assim seja!

Faça um pedido ao luar hoje!

14. Companheiros

PALAVRA-CHAVE: ORIENTAÇÃO

Por onde quer que você ande, não está só. Você é presenteado com a companhia de outros reinos. Seres interdimensionais habitam esses reinos para auxiliar em todas as coisas; estão apenas esperando seu chamado. Seus anjos e guias espirituais estão presentes para guiá-lo em todos os seus empreendimentos terrestres. O reino elemental existe para ajudar você a se aterrar na natureza e a trabalhar com ela. As fadas e outros elementais cuidam de seus jardins e das florestas, dos quais você recebe alimento, energia e abrigo. Eles trabalham em perfeita harmonia para lhe dar tudo de que você precisa e manter tudo em equilíbrio. Você nunca está só. Aproveite esse conhecimento valioso e agradeça. Nós, humanos, somos presenteados com a ajuda de seres incríveis. Eles trabalham o tempo todo para o nosso bem... servindo e auxiliando de todas as maneiras possíveis. Dependemos deles, quer escolhamos reconhecer sua existência, quer não. Por sua vez, eles precisam fazer o trabalho que fazem por nós para expandir seu crescimento e seu aprendizado. Somos dois planos interdependentes da existência... dois lados de uma moeda. Um precisa do outro para prosperar e crescer. Assim é com toda a natureza. Os reinos vegetal, mineral e animal estão interligados. Se não respeitarmos todos os reinos e trabalharmos junto a eles como se fôssemos apenas um, não poderemos sobreviver neste planeta. Peça ajuda aos elementais para que lhe mostrem como trabalhar em harmonia com os outros reinos. Peça ajuda em qualquer área da sua vida... há um ser para cada necessidade. Sintonize-se para ouvir suas mensagens orientadoras. É preciso apenas ouvir!

CANTO

Abençoado sou eu que caminho sobre a Terra,
pois estou em constante comunhão com todos os seres divinos.
Tenho proteção, nutrição e abrigo em sua presença.
Eles me guiam e me dão conforto.
Que união abençoada temos!
Agradeço por essa mistura de mundos.
Que assim seja!

Deixe um presente para as fadas hoje...
um presente bem grande, por favor!

15. Descoberta

PALAVRA-CHAVE: POTENCIAL

Este é o momento de abrir os olhos e analisar o que realmente está em seu mundo. O que você vê é do seu agrado? Sua visão da realidade abrange tudo o que é possível? É hora de se abrir para seu potencial ilimitado. Mergulhe na vida e descubra tudo o que está disponível para você. Saia da sua zona de conforto e tente algo novo. Descubra um novo *hobby*. O que você sempre quis fazer, mas deixou em segundo plano? É hora de fazer. Envolva-se com outras pessoas. Junte-se a um grupo ou a um clube. Faça um curso sobre algo que desperte seu interesse. Amplie sua experiência de vida de maneiras que promovam seu bem-estar. Esteja aberto a novas ideias e novas formas de ver as coisas. Ouça as opiniões dos outros com a mente aberta. Você poderá adicionar muitas experiências à sua vida a partir do momento em que se abrir e aceitar as mudanças. A vida está sempre evoluindo e oferecendo oportunidades de crescimento. Vá em frente, cresça e aprenda o máximo possível.

CANTO

Abra-me para aquilo que enriquece minha vida e a vida dos outros, através de mim.
Mostre-me os reinos das possibilidades e os mistérios da vida.
Peço orientação em tudo o que faço e abro-me para aceitar essa ajuda e reconhecer sua presença.
Agora, vejo claramente o que está ao meu redor,
o que está atrás de mim,
e o que está diante de mim.
Sou muito abençoado.
Que assim seja!

Aprenda algo novo hoje!

CONFIAR!

16. Confiar

PALAVRA-CHAVE: FÉ

Você tirou esta carta para se lembrar de confiar em si e em sua divindade e ter fé no Espírito. Este pode ser um momento em que você esteja enfrentando questionamentos sobre sua vida e procurando respostas. Talvez você queira saber se está no caminho certo. Esta carta mostra que você é guiado por um poder divino. Esclareça todas as suas dúvidas. Se alguma pessoa lhe disser que seus sonhos não são realistas, diga para si mesmo: "Quem é esta pessoa para julgar o meu caminho?". Você pode contar com uma voz interior que lhe dá respostas. Ela não mente para você. Ouça sua mensagem. Ela só lhe dará conselhos sólidos. Pode ser o momento de avaliar sua crença num poder superior. Perceba que você é parte de uma inteligência superior. Você é feito do mesmo material. Acredite nessa conexão e contente-se por ser assim. Confiar é um passo muito importante para manifestar de verdade seu bem na Terra. Acredite também nos outros reinos que você não consegue enxergar. Eles acreditam em você! Como você, eles são divinos por nascimento. Eles o ajudarão a trabalhar com o conceito de fé, bastando, para isso, que você peça a ajuda deles.

CANTO

Eu acredito no Espírito Divino que me guia.
Eu confio no meu conhecimento interior.
Eu sou parte da divindade manifestada na Terra.
Onde quer que eu vá, meus anjos e meus guias andam.
Eu nunca estou sozinho.
Eu sou apoiado pela própria Vida.
Que assim seja!

Acredite nas fadas hoje!

Amy 2000

17. Resgatado

PALAVRA-CHAVE: ASSISTÊNCIA

Se você tirou esta carta, pode estar correndo o risco de depender demais de outros humanos. Lembre-se de se conectar ao seu mestre interior para se orientar. As respostas estão todas dentro de você. Verifique se não está tentando resgatar os outros. Eles também devem seguir sua própria verdade. Isso não significa que você não possa receber ou dar conselhos, mas, sim, que deve aceitar todos os conselhos e analisá-los com cuidado, com base em seu conhecimento interior, para ter certeza de que servem para o seu bem maior. Os outros devem fazer o mesmo com qualquer conselho que você der a eles. As coisas estão prestes a mudar para melhor. Peça ajuda e receba-a com confiança e gratidão. Tenha calma e compreenda que todos os problemas vêm com suas próprias soluções. Com a ajuda dos reinos espirituais, não há nada que você não possa fazer nem algo com o qual não possa lidar. Existem milhares de seres esperando para servi-lo a qualquer momento. Esta é a alegria e a salvação deles. Eles vivem para lhe auxiliar e o manter distante do mal. Auxiliá-lo é o trabalho deles para que você se conecte com o Espírito e com a verdade mais elevada. Ouça suas mensagens. Essas mensagens podem vir de muitas formas... por meio de um pensamento ou de uma voz ao lado do seu ouvido... ao abrir um livro para encontrar a resposta... numa mensagem em um *outdoor*... nas palavras de uma criança pequena ou de um amigo. Pergunte e ouça. Ao permitir que os espíritos auxiliares o ajudem, você também os ajuda a desenvolver seu próprio destino.

CANTO

Em meu coração, sei que estou sempre seguro.
Sei que seres celestiais estão ao meu redor.
Agradeço a esses pequenos seres
e os acolho em minha vida.
Eles me trazem paz e conforto.
Eles me ajudam em tudo o que faço.
Eles são mensageiros da luz de Deus,
vêm para que eu me concentre em minha jornada terrena.
Que assim seja!

Dê a si mesmo um bom conselho hoje!

18. Excesso de Indulgência

PALAVRA-CHAVE: ATERRAMENTO

Ei! É hora de parar de brincar e começar a trabalhar. Se você se tornou uma pessoa festeira, então, olhe agora para si mesma. É assim que deseja viver sua vida e usar seu tempo valioso? Você está exagerando na bebida, na comida, nas drogas, no sexo ou nas atividades que desperdiçam tempo? Do que você está se escondendo? Você está apenas se divertindo ou está tentando se esquecer de algo doloroso? Espane essa poeira e deixe a energia caótica se afastar de você. Rodopie e lance-a para longe. Agora, sente-se, respire profundamente e se concentre no cerne do seu ser. Fique em silêncio. Equilibre-se e faça seu aterramento. Sinta suas raízes conforme elas crescem das solas dos pés para a Terra e começam a se espalhar à medida que seguem sua jornada para o núcleo da Terra. Traga a energia da Terra para as raízes e para cada célula do seu corpo. Permita que os galhos cresçam do topo da sua cabeça até os céus. Traga a energia dos céus para baixo através dos galhos e para dentro do seu corpo, preenchendo cada célula dele e circulando com a energia da Terra. Fique nesse lugar por um tempo e sinta como é magnífico simplesmente ser. Sinta a serenidade trazendo-a para todas as situações da sua vida. Discipline-se para permanecer sentado em perfeita paz por, pelo menos, cinco minutos. Comece cada dia fazendo algo que construa seu espírito e sua confiança. Saiba que você é um ser bom e perfeito. Coloque-se nos braços do Espírito. Observe sua vida se tornando mais animada e produtiva a cada dia que passa. O excesso de indulgência em qualquer forma não pode preencher o vazio interior. Reconhecer a conexão com o Espírito pode fazer isso. Não há problema em aproveitar o que é oferecido pelo mundo material, desde que você mantenha tudo em equilíbrio.

CANTO

Eu sou inteiro.
Eu sou Espírito.
Eu me alegro com minha vida e a beleza que ela contém.
Estou aterrado acima e abaixo.
Minha conexão está completa.
Eu sou. Eu sou. Eu sou.
Que assim seja!

Pare e se aterre!

19. O Ato de Equilibrar

PALAVRA-CHAVE: EQUILÍBRIO

Se você tirou esta carta, pode ser hora de se sentar e rever o que colocou em seu prato. Você está trabalhando demais ou de menos? Esforce-se para equilibrar trabalho e lazer e honre suas necessidades mentais, emocionais, físicas e espirituais. Elimine tudo o que não serve mais ao seu bem maior. Aproveite sua vida e viva-a no presente. Esforce-se para equilibrar tudo o que você faz. Apenas respire fundo, solte a respiração e sinta a calma envolvendo você... esta é a paz do equilíbrio. A balança está sempre pendendo para um lado ou para o outro. O truque é não deixá-la pender muito para apenas uma direção. Sem a constante mudança de perspectivas, a vida ficaria estagnada e não ofereceria crescimento nem alguma lição. Se as coisas parecem muito desequilibradas em sua vida, considere seus padrões de pensamento. Para onde eles estão levando você? Substitua quaisquer pensamentos que não sejam para o seu bem maior por pensamentos positivos e produtivos. Lembre-se de se concentrar nas coisas que você almeja em sua vida, não em seus problemas. Aja como se o seu bem maior já tivesse se manifestado. Ele se manifestou em um plano superior e agora está chegando até você em seu mundo material. Lembre-se de que o equilíbrio está constantemente num estado de busca. Ele deve permanecer num estado de movimento. Se o movimento parar, então, não é mais o ato de equilíbrio, mas um estado de suspensão e falta de ação.

CANTO

Espírito Divino,
por favor, traga equilíbrio para minha vida,
em todos os níveis do meu ser.
Ajude-me a discernir o que é para mim
e a identificar o que não é para o meu bem maior.
Ajude-me a perceber a diferença.
Minha vida está em ordem!
Que assim seja!

Aprenda a fazer malabarismos hoje mesmo!

20. Fadas

PALAVRA-CHAVE: REINO ESPIRITUAL

Esta carta representa o reino das fadas e a fada dentro de você. Se esta carta vier até você, ela revelará uma habilidade inata de acessar espíritos do reino místico. É possível que você descubra que possui uma qualidade sobrenatural, mágica e feérica. Você pode vir de uma longa linhagem de ancestrais fadas, carregando a linhagem desses antigos seres. As pessoas podem observar algo um pouco diferente em você. O termo "excentricidade" pode vir à mente de alguns que o conhecem. Mas você se importa? Não! E é assim que deve ser! Você pode ver, ouvir e saber coisas que outros não sabem. Administrar energia de cura pode ser seu talento. Há um brilho especial em seus olhos... esses são os olhos que podem ver fadas e se comunicar com todos os elementais. Você trabalha com os espíritos celestiais e terrestres. Você é uma pessoa talentosa... intuitiva e capaz de canalizar com facilidade as energias do Universo. Lembre-se de sempre usar esse poder para o bem maior. Peça sempre para ser guiado em seu uso e que ninguém sofra danos por meio de seu ministério. Lembre-se de manter o ego fora do trabalho espiritual, pois é aí que reside sua queda. Dê crédito a quem o merece... O Espírito faz o trabalho.

CANTO

Eu abraço com alegria minha singularidade.
Eu abraço tudo o que vem do Espírito.
Eu permito que o Espírito se mova dentro do meu ser
e ajude o crescimento dos outros, assim como o meu.
Eu sei que toda cura vem do Espírito,
e com graciosidade aceito os dons concedidos a mim e, como tal,
trago apenas honra ao nome do Espírito.
Que assim seja!

Abra suas asas hoje mesmo!

21. Magnólia

PALAVRA-CHAVE: FOCO

Delicadas flores rosadas e brancas dançam ao sabor da brisa. Será que é tão bonito e sereno quanto parece? A realidade para criar é sua. Como você está projetando sua realidade? Sua vida está se desenrolando da maneira que você deseja? O que os outros veem é uma representação clara de quem você de fato é? Você vive do seu eu autêntico? Onde você coloca sua atenção... em coisas negativas ou positivas? Lembre-se de que você atrai aquilo em que se concentra. Seu foco é o que cria sua realidade. Aprenda a confiar no seu bem. Saiba que você é digno de tudo o que é maravilhoso e abundante, apenas porque existe. Reconheça que o Espírito ama e estima você. Inspire o adorável perfume da magnólia e, ao fazer isso, saiba que está respirando o sopro do Espírito. Pense com clareza sobre o que deseja manifestar em sua vida. Coloque seu foco nas coisas que almeja. Não importa se pertencem ao reino material ou espiritual. Ambos servem para nos ensinar a amar a nós mesmos e aos outros.

CANTO

Eu acredito no amor do Espírito.
Eu acredito no meu bem.
Eu sou abundante em todas as coisas boas.
A vida me recompensa a cada momento.
Eu sou bom... Eu sou parte de Deus...
Eu sou um com tudo o que existe e nada nunca me faltará.
Eu crio minha vida com confiança e alegria.
Que assim seja!

Experimente enxergar pelas lentes de outra pessoa hoje.

22. Fada Azul

PALAVRA-CHAVE: AMOR

Eis a Fada Azul que traz uma mensagem de amor e paz. Ela representa a necessidade de silêncio em nossa vida diária. Ela nos mostra que, por meio da calma, percebemos nossa conexão com o Espírito. Essa conexão está sempre conosco. Concentre-se nesse azul-cobalto e sinta o que ele faz com seu corpo interior. Imagine um cristal azul bem no fundo do seu coração, que ressoa com tudo o que existe, através da vibração do amor. Você está conectado a toda a criação e ao coração de todos os seres, por intermédio de uma bela grade de cristal azul de luz. Sinta a unidade de tudo o que existe. Sinta o ser infinito da sua alma. Você consegue sentir a dimensão de seus problemas diminuindo? Sinta sua própria divindade! Permita que sua criatividade flua! Com a unidade, vem a verdadeira compreensão dos maiores mistérios da vida. Todos eles se resumem a uma coisa: amor infinito.

CANTO

Estou unido em Espírito com toda a criação.
Eu sou uma parte divina do todo.
O amor infinito me cerca,
ele corre através de mim
e flui para tudo o que existe.
O amor infinito me envolve, e nele eu estou seguro.
Que assim seja!

Vista algo azul hoje!

23. Xamã

PALAVRA-CHAVE: MESTRE

O Xamã indica que você está sendo solicitado a dar o próximo passo em seu desenvolvimento espiritual. Peça a dádiva de um guia Xamã para ajudá-lo em sua jornada. Esse guia o levará a se tornar mais consciente de seu mestre interior. Concentre-se, libere quaisquer medos e mova-se por inteiro em direção à fé. Diga ao Universo que agora você está pronto para o próximo passo no desenvolvimento de seus dons e de sua compreensão. Agora, permita-se ser guiado. Confie no Tempo Divino. Entenda que, a cada passo que dá durante a jornada, você está sob a proteção divina. Conforme você serpenteia entre os mundos visível e invisível, o Xamã o ajuda a desbloquear o conhecimento sagrado que está disponível para você. Se tirou esta carta, você tem o potencial de ser um mestre espiritual e um guia para os outros. Prepare-se meditando, orando, ouvindo e lendo o máximo que puder sobre espiritualidade e cuidando bem de seu eu mental, emocional e físico. Seja um bom exemplo para as outras pessoas. Lembre-se de deixar o ego de fora e aprender e criar com o que vem do coração. Nem todos parecem ser tão avançados quanto você, mas isso também pode ser uma ilusão. Cada pessoa tem seu próprio caminho e um cronograma para o crescimento pessoal. Todos os caminhos levam à fonte. O Espírito quer apenas o melhor para você.

CANTO

Eu inverto todo o medo e o transformo em fé.
Eu confio no conhecimento interior e na orientação exterior
para trabalhar em harmonia para o meu bem maior.
Eu me torno um com minha jornada
e viajo pela estrada entre os mundos, em total confiança,
pois pertenço à luz de Deus.
Agora, peço que o conhecimento sagrado que me pertence
seja aberto para mim.
Em nome do Espírito Divino.
Que assim seja!

Dê a si mesmo uma dádiva hoje!

24. Fada Verde

PALAVRA-CHAVE: CURA

Verde é a cor da cura e do crescimento. Esta carta fala de cura em andamento, de uma necessidade de cura ou de uma habilidade de direcionar energia de cura para si mesmo ou para os outros. Qual é o seu caso? Se você precisa de cura, concentre a atenção na cor da grama verde, das árvores e das folhagens da natureza. Sente-se em meio à natureza, numa floresta ou em um jardim, se possível. Inspire esse verdor de um modo profundo, deixando-o penetrar em cada célula do seu corpo, e traga essa cor para sua aura. Preencha-se com o verde exuberante de uma floresta tropical. Medite com essa cor até que você tenha um conhecimento interior de que terminou. Peça às fadas verdes para ajudar em sua cura ou na cura de outros. Elas são muito habilidosas em seu ofício e estão sempre prontas para ajudar. Não deixe de agradecer por seu trabalho. Assim como as árvores e as flores crescem, seu corpo, sua mente, suas emoções e seu espírito também podem crescer saudáveis e fortes. Na natureza, há renovação constante.

CANTO

Queridas Fadas Verdes,
que vivem ao lado do nosso reino.
Ajudem-me a usar a energia do Universo de maneira adequada...
Para que eu a ofereça somente para uma cura,
para que eu nunca a imponha sobre outro.
Mantenha meu ego puro, para que eu dê crédito ao Espírito pelo trabalho feito.
Sinto gratidão pelo uso do meu ser na assistência a mim e aos outros.
Peço que eu me lembre de que somente o Espírito sabe
quem deve ser curado e quem não deve, e que eu aceite isso.
Quem deve saber o que outro escolheu aprender nesta vida?
Que assim seja!

Compre alguma planta hoje mesmo!

25. A Mais Velha das Fadas

PALAVRA-CHAVE: ATEMPORALIDADE

Muitas vezes, vemos a velhice como um período de declínio e doença. No entanto, o envelhecimento tem mais a ver com nossos sistemas de crenças do que com a passagem do tempo. Liberte-se de todas as ideias preconcebidas sobre o que significa envelhecer. Mantenha-se ocupado... aprenda tudo o que puder, faça as coisas que gosta de fazer, desafie-se. Não coloque limitações para si em virtude da idade. Olhe para a mais velha das fadas ... ela tem centenas de anos e ainda está forte. Todas as fadas mais jovens vêm até ela para que ela possa compartilhar todo o conhecimento que adquiriu ao longo dos anos. Com a idade, vem a sabedoria, para aqueles que escolhem usar seu tempo na Terra de forma construtiva. Então, siga vivendo, aprendendo e cuidando bem de você. Os pequenos precisam ter você por perto para contar histórias antigas e guiar suas mentes jovens e frescas. Cada pessoa é útil até seu último momento na Terra... pois, mesmo naquele último momento, pode-se transmitir sabedoria. Visualize seu corpo, fale e pense de forma positiva sobre seu corpo maravilhoso! Ele o deu à luz neste mundo e o dará à luz no próximo, quando chegar a hora certa. Ele lhe proporciona prazer em muitas formas diferentes e o ajuda a aprender o que você veio aprender na Terra. O Espírito Divino se expressa por meio do seu corpo. Se você escolheu esta carta hoje, pode ser um sinal de que precisa passar algum tempo com os idosos, seja trabalhando com eles ou mesmo ouvindo-os. Se conhecer idosos que tenham grandes histórias para contar, grave essas histórias agora enquanto elas ainda podem ser captadas. Garanta que toda essa sabedoria não seja perdida. Cada pessoa tem uma história e uma lição para transmitir.

CANTO

Meu corpo é um templo onde mora o Espírito.
Eu amo e aprecio meu corpo por todas as formas que ele me serve.
Eu visualizo meu corpo apenas de formas positivas.
Eu falo com meu corpo apenas com palavras positivas.
Eu falo do meu corpo apenas com palavras positivas.
Eu penso em meu corpo apenas de formas positivas.
Pois é através da minha visualização, de minha fala e de meu pensamento
que digo ao meu corpo como ele deve reagir ao mundo ao seu redor
e aos anos em que habita a Terra.
Peço que meu corpo seja envolvido em amor e alegria.
Que assim seja!

Evite relógios hoje!

26. A Fonte da Magia

PALAVRA-CHAVE: MANIFESTAÇÃO

A magia não existe apenas para as fadas! Você também é uma fonte de magia! Toda vez que inspira e expira, você inspira a energia da Fonte, quer a chame de Deus, Espírito, Divindade, Pai, Mãe... ela é a fonte de tudo o que existe. Ela habita tudo no Universo e dentro de nosso corpo. Como um ser humano na Terra, você tem o dom da manifestação. Por meio de seus pensamentos, de sua visualização, de seus sentimentos e de suas palavras, tudo o que há em seu mundo se traduz no pensamento da existência. Lembre-se de que aquilo em que você se concentra é o que cresce em manifestação. Portanto, tenha muito cuidado com o que coloca em seu foco. Como as fadas, traga o máximo que puder de alegria e amor para seu coração e sua vida. Abra-se para receber. Tenha pensamentos positivos. Transforme sentimentos e pensamentos negativos em positivos. Se uma imagem negativa surgir em sua mente, substitua-a por uma imagem positiva. Em breve, você verá como as coisas começam a mudar à medida que sua vida se torna mais feliz e plena de novas mudanças maravilhosas. Peça sempre para que aquilo de que precisa seja dado para o seu bem maior. Quando algo é para o seu bem maior, então, também serve para o bem maior dos outros. Nenhum mal virá aos outros por meio do seu pedido. Se não for para o seu bem maior, então, não acontecerá, e algo melhor o substituirá. Você é a fonte da magia!

CANTO

Eu reabasteço meu corpo com o sopro do Espírito.
Eu exalo para que possa inalar de novo.
Meus pensamentos e minhas palavras são claros e inspirados pelo Divino.
Estou aberto para receber o meu bem maior.
Eu manifesto tudo o que é possível para mim no âmbito divino.
Que assim seja!

Faça uma varinha mágica hoje mesmo!

27. Amado

PALAVRA-CHAVE: ADORAÇÃO

Quem os anjos e elementais adoram? A quem eles servem com alegria e de modo incansável? Você! Eles sabem do grande trabalho que você deve fazer na Terra e fazem o melhor para auxiliá-lo. Eles cuidam de você... sussurram respostas em seus ouvidos. Eles o ajudam a se curar quando você está doente e o confortam quando está triste. Por causa deles, você nunca está só. Eles estão sempre à sua disposição. Familiares ou amigos que faleceram ajudam nessas capacidades também. Se você ficar em silêncio, eles lhe darão um sinal... pode ser uma sensação na testa, um leve toque em seu cabelo, a sensação de uma mão em seu ombro. Você sempre pode chamá-los, e eles virão até você. Esta carta lembra que os seres auxiliares estão pensando em você. Também pode estar dizendo que você tem alguém que o admira no plano terrestre. Se você não sabe quem é, peça aos anjos e elementais para lhe dizerem. Lembre-se de que você é uma pessoa amada. Seja sempre como você é e saiba que isso é o suficiente! As pessoas vão amá-lo do seu jeito, não pelo que acha que deveria ser. Reconheça sua incrível singularidade neste mundo. Não há outro como você. Não há outra pessoa que possa cumprir seu destino na Terra. Ame-se.

CANTO

Eu me alegro em minha natureza divina.
Eu sou único em mim.
Eu vim à Terra para cumprir
um destino que ninguém mais pode cumprir,
para fazer um trabalho que ninguém mais pode fazer.
Eu me amo por inteiro em todos os níveis.
Que assim seja!

Toque um sino para um anjo hoje!

Amy
2008

28. O Rato do Campo na Porta

PALAVRA-CHAVE: CASA

A carta do Rato do Campo na Porta pode representar sua casa ou um lugar em que você se sente mais feliz ou em segurança. O corpo físico também é o lar de sua alma e, às vezes, pode ser refletido nesta carta. Também pode se referir a família, relacionamentos próximos e memórias de infância. Ela fala de objetivos que você pode ter para sua casa: mudança, reforma ou redecoração. Ela também abrange o quintal e os jardins. Para identificar no que você está sendo solicitado a se concentrar, relaxe por um momento e sinta o que vem à mente. Preste atenção aos seus sentimentos... para onde eles estão guiando você? Qual emoção a carta traz? Siga seus sentimentos e pergunte: "Do que se trata? Para onde preciso olhar de novo e por quê?". Talvez você precise limpar um trauma de infância da sua aura. Pode ser que necessite revisitar as memórias agradáveis e despreocupadas da sua juventude. Se você estiver infeliz com o seu entorno, talvez seja hora de mudar de casa. Às vezes, a energia de uma casa não comporta seu conforto e seu bem-estar. Às vezes, uma casa só precisa ser limpa. A casa precisa estar em ordem e limpa, mas também é necessário observar se está suja ou se está purificada no âmbito espiritual. Acenda um bastão de fumaça, faça uma oração ou borrife sal ou água e caminhe lentamente pelos cômodos. Toque sinos ou bata palmas, ou tamborile em todos os cômodos para quebrar a energia estagnada. Se preferir, apenas se visualize fazendo todas essas coisas. Você também pode pedir aos seus amigos prestativos, de outros reinos, que limpem a casa e o entorno para você. Seu corpo físico, o lar de sua alma, também precisa ser mantido limpo e em boas condições de funcionamento. Faça as coisas que são boas para seu bem-estar em todos os níveis. O lar é onde o coração está.

CANTO

Meu lar está dentro do meu coração.
Eu o carrego comigo para onde quer que eu vá.
É um estado de ser pacífico e uma união com o Espírito.
Eu escolho me cercar de amor e luz.
Eu escolho liberar tudo o que não é para o meu bem maior.
Eu me alegro com as memórias agradáveis do meu passado
e as esperanças e os desejos do meu presente.
A vida é boa!
Que assim seja!

Convide as fadas para um chá hoje!

29. Segredos da Lua

PALAVRA-CHAVE: CICLOS

A vida é toda composta de ciclos. A criação depende de ciclos. Os ciclos que criam a vida na Terra estão interligados aos ciclos que criam e comandam o Universo. Estamos todos cientes dos ciclos da Lua e dos efeitos que eles têm sobre a vida na Terra. Das marés aos ciclos reprodutivos, a Lua tem grande influência sobre nossa vida. Com certeza, o Universo também contém muitos outros ciclos que nos influenciam. Tudo o que existe é cíclico de uma forma ou de outra, ou não poderia existir. Os ciclos trazem ordem ao Universo e à nossa vida. Há uma estação para tudo. Tudo deve acontecer a seu próprio tempo. Um ciclo forma um círculo, que simboliza a continuidade do fluxo de energia cósmica. A energia que anima cada um de nós é infinita. Existia no princípio e sempre existirá. Pode mudar de forma, mas não pode ser destruída. Aprenda a conhecer os ciclos que o afetam. Sinta-os. Preste atenção e observe todos os ciclos ao seu redor, em sua vida. A semente que brota e cresce tem um ciclo. Dia e noite são cíclicos. Você inspira e expira. O que todos esses ciclos lhe mostram é que há ordem no Universo e em sua vida. Você só precisa reconhecer a ordem e fluir com ela. Não lute contra ela. Saiba que, quando você relaxa, as coisas começam a funcionar com mais suavidade na sua vida, pois você não está mais lutando contra os padrões de energia universais, mas se movendo dentro deles.

CANTO

Deusa Lua...
que reflete os ciclos da força universal, ajude-me a lembrar
que todas as coisas têm seu tempo perfeito de ser,
assim como seu tempo perfeito de cessar neste reino.
A grande roda da existência gira sem parar.
Ajude-me a lembrar
que eu sou parte dessa roda e de tudo o que existe.
Eu sou!
Que assim seja!

Celebre os ciclos da vida hoje!

30. Sonhos de Beija-Flor

PALAVRA-CHAVE: O MENOR

Mesmo os seres que parecem ser muito pequenos para nós têm seus sonhos. Os seres ínfimos e os mais fracos têm seu lugar no Universo, assim como nós. Eles têm um trabalho especial que só eles podem fazer, um lugar que só eles podem preencher. Não há um ser mais importante ou mais digno que outro, não importa a forma em que eles escolhem se expressar na vida. Nós nos maravilhamos com o pequeno beija-flor. Como ele pode mover suas asas tão rápido a ponto de pairar em um lugar e, então, voar em uma fração de segundo? Que força e agilidade ele tem! Que forma divina! É difícil acreditar que um ser tão pequeno possa conter tanta beleza e tanto encanto. Se você está se sentindo pequeno e insignificante, lembre-se de sua singularidade. Os únicos sapatos que você precisa calçar são os seus, e eles se ajustam perfeitamente aos seus pés! Não há pessoas insignificantes, nenhuma que seja menos completa do que outra. Elimine preconceitos e julgamentos, sejam eles lançados sobre você ou sobre outra pessoa. Se você sente que alguém não está à altura dos seus padrões, perceba que é você que está projetando algo sobre o outro. Mude sua percepção e veja essa pessoa de uma forma verdadeira, do modo como ela é... um reflexo da energia de Deus, assim como você. O Espírito se expressa por intermédio de todos nós, à sua maneira. Não cabe a nós questionar. Se você está se sentindo imperfeito, lembre-se do seu nascimento divino e conforte-se em saber que você é perfeito no âmbito divino. Persiga seus sonhos e saiba que você é guiado no plano divino. Tenha fé em seus sonhos e em suas habilidades. Não há problema em acreditar nos sonhos de outras pessoas. Ajude-as e incentive-as a acreditar em si mesmas.

CANTO

Eu sou um ser único.
Não há outro como eu.
Meu propósito é meu, para eu o cumprir.
Ninguém mais pode fazer isso.
O Espírito se expressa através de mim,
de uma forma que só eu posso dar expressão.
Meus presentes para o mundo são meus, apenas para ser ofertados.
Estou em harmonia divina com toda a vida.
Que assim seja!

Reserve um tempo para perceber as menores coisas da existência hoje.

31. O Flerte

PALAVRA-CHAVE: ATENÇÃO

Todos nós sabemos que um pouco de flerte pode ser divertido. As fadas adoram flertar — essa é apenas uma parte de sua personalidade. Algumas, entretanto, flertam mais que outras. Todos nós já fizemos isso em algum momento. No entanto, flertar além da conta pode significar outra coisa. Você está sendo fiel a alguém que se importa com você? Está sendo fiel aos seus próprios valores? Está brincando com as emoções de outra pessoa? É possível que alguém esteja levando sua atenção mais a sério do que você imagina. Verifique se não está prejudicando outra pessoa. Você está se envolvendo em algo que não é para o seu bem? Tome cuidado para não flertar com o perigo. Veja as coisas com clareza e seja verdadeiro consigo mesmo. Preste atenção naquela vozinha interior e em seus avisos. Esta carta pode estar lhe dizendo que a oportunidade está ao seu alcance, mas também pode lhe dizer que você está apenas flertando com ela. Se houver algo que você de fato deseja fazer, concentre todos os seus esforços nesse projeto. Evite ser superficial em suas ações. Se algo vale a pena, deve ser digno de sua total atenção.

CANTO

Voando pela minha cabeça,
você ouviu o que eu acabei de dizer?
Fadas, queridas como vocês podem ser,
ajudem a trazer minha verdade através de mim!
Que assim seja!

Sorria para todas as pessoas que você encontrar hoje!

32. O Sapo Mágico

PALAVRA-CHAVE: CRIANÇA

As fadas sapo sabem ser infantis. Elas encorajam a inocência e a imaginação, assim como nos fazem acreditar em milagres. Se você tirou esta carta, é porque deve começar a prestar atenção na pequena criança que existe em você. Alimente-a com brincadeiras e palavras gentis. Elogie suas realizações. Deixe-a chapinhar em poças de lama ou entoar uma canção boba! Deixe-a rir. Ajude-a a encontrar magia em tudo o que ela vê. Deixe o trabalho um pouco de lado e reserve um tempo para se divertir com alegria. Se você se esqueceu de como é brincar, peça a uma fada ou a uma criança pequena para ajudá-lo a se lembrar. Elas sabem o que fazer e guiarão você a cada passo do caminho. Mantenha o coração aberto. Fadas e crianças pequenas têm corações abertos! Acredite! Visualize-se segurando o seu pequeno eu, embale-o em seus braços, entoando uma linda canção de ninar. Diga-lhe o quanto seu eu é amado e o quão especial ele é. Sinta seus corações se conectando como se fossem um enquanto a criança se aconchega em seu peito. Visualize a cura de todas as lágrimas e feridas, conforme essa energia simplesmente se dissipa e o vazio é preenchido com energia amorosa. Agora, a criança está pronta para brincar! Comece a saltitar!

CANTO

Eu sou a criança interior.
A criança interior sou eu.
Em parceria, podemos, mais uma vez, começar a viver e a sonhar.
Brincamos ao lado de um poço dos desejos, corremos entre os juncos.
Lançamos nossos olhos para ver, além dos mares agitados.
Não nos sentamos mais, e lamentamos o que poderia ter sido.
Hoje, alcançamos as estrelas e gritamos,
pois estamos nos recuperando!
Que assim seja!

Faça guerra de travesseiros com um amigo.

33. Dança do Fogo

PALAVRA-CHAVE: ENERGIA DO FOGO

A Dança do Fogo representa a dança da vida, pois é a doação dela, que é a função da força energética da *Kundalini* (também conhecida como "energia da serpente"). *Kundalini* é uma energia sexual natural que se armazena na base da espinha. É por meio dessa energia que a vida e a criação são alcançadas. A energia *Kundalini* é uma força poderosa que deve ser liberada para despertar de acordo com seu próprio ritmo. Ela se abrirá de forma natural à medida que você se tornar mais amoroso e mais consciente de sua divindade e sua conexão com o Espírito. A energia do fogo que é despertada muito cedo corre o risco de ser desorientada. É mais sensato estudar, ler e trabalhar em sua própria compreensão espiritual. Isso fará a energia do fogo subir com suavidade. O equilíbrio é muito importante nesse sistema energético e promove o bem-estar em todos os níveis. Embora façamos referência a *Kundalini* como uma energia sexual, ela não se limita ao uso sexual. Toda a criação vale-se dessa energia. É a força criativa no corpo físico. Ela não está adormecida por completo, mesmo no ser menos iluminado. Essa energia se encontra em uso diário e constante, em conjunto com todos os seus sistemas de energia, que trabalham juntos. Essa é uma energia maravilhosa, mas muito poderosa, que requer respeito. Esta carta também pode indicar que você tem se sentido com pouca energia. Se for o caso, certifique-se de rever seus hábitos alimentares, de exercícios e de sono. Cuide bem de você e faça uma declaração para si e para o Universo de "libertação das preocupações". Consulte um médico se sentir que há algum problema real.

Se quiser fazer um exercício para ajudar seus sistemas de energia a permanecer em ordem e em bom funcionamento, sente-se num lugar tranquilo e confortável e feche os olhos. Lentamente, imagine-se inspirando e expirando cada cor do sistema de *chakras*... comece com vermelho e vá para laranja, amarelo, verde, azul, índigo e violeta. Imagine-se inspirando uma bela névoa de cada cor. Respire cada cor até que ela se sinta integrada ao seu corpo e, depois, passe para a próxima. Logo você se sentirá em equilíbrio e com energia!

CANTO

As forças criativas fluem através de mim de maneira perfeita.
Minha saúde brilha com radiância,
pois estou em equilíbrio por dentro e por fora.
Grande serpente, desperte em seu próprio tempo divino,
pois é assim que deve ser.
Que assim seja!

Conecte-se à sua energia do fogo através da dança.

34. Sempre

PALAVRA-CHAVE: INFINITO

Esta carta quer contar, em princípio, sobre o Infinito. Para entender de fato a vida, você deve entender que sempre foi... e sempre será. Você é uma parte da Fonte Divina que governa o Universo. Seu espírito e sua alma são imortais. À medida que o corpo físico deixa de existir, seu corpo energético sobrevive, eventualmente, para retornar e se juntar ao Espírito. Sua conexão com o Espírito Divino nunca é interrompida. Você nunca está só. Você está sempre em conexão com a Fonte. Você é o veículo através do qual o Espírito Divino se manifesta na Terra. Entenda sua divindade e sua importância na Terra. Compreenda que todos os outros seres na Terra também são importantes para o Plano Divino. Esta carta pode indicar que você tem ou deseja ter uma pessoa especial em sua vida, que estará disponível para você. Mas, antes, você deve sempre estar disponível para si! Talvez, no passado, aqueles que deveriam ter ficado com você não o fizeram. Aqueles que você pensava que eram sinceros não foram. Libere velhas dores e padrões de hábitos e permita que seu bem maior se manifeste em sua vida. Expresse sua gratidão! Isso prepara o caminho para um relacionamento de fato duradouro. Outro aspecto desta carta pede que você se lembre dos elementais que estão ajudando você ao longo do caminho. A devoção deles a você é infinita e inabalável.

CANTO

Eu sempre fui,
eu sempre serei.
Eu sou o Infinito.
Minha alma alcança muito além desta concha.
Dentro de mim, o Espírito tem um lugar para morar.
Eu sou.
Que assim seja!

Coloque uma música para tocar repetidamente.

35. Dragão do Verão

PALAVRA-CHAVE: ENSOLARADO

Ah, as alegrias do verão! Faça como este dragão. Ele é apenas um rapazinho despreocupado que se move de flor em flor, absorvendo a doçura da vida. Abrace a luz, o calor e a beleza do verão ao seu redor. O verão representa o florescimento total da vida. Você está entrando numa fase em que a vida tem muito a lhe oferecer. Pode esperar que oportunidades se abram em todas as diferentes áreas da sua vida. Use seus óculos cor-de-rosa e veja tudo de um ponto de vista amoroso. Este é um momento para excursões e aventuras; para conhecer novas pessoas e se juntar aos amigos para que se divirtam juntos. Mesmo que não seja verão agora, permita-se entrar na sensação do verão. Mentalize um brilho dourado e ensolarado ao redor do seu corpo. Visualize-se irradiando felicidade! Saiba que as coisas darão certo se você permanecer em uma atitude ensolarada e seguir o fluxo.

CANTO

Oh, Espírito do verão,
eu aceito que a vida esteja florescendo para mim.
Oportunidades preenchem minha existência com esperança e orientação.
Sou fortalecido pela sua luz dourada.
Agora, eu me deleito em apenas ser!
Que assim seja!

Participe de uma aventura divertida hoje!

THE FROG DREA

36. A Viajante da Bolha de Orvalho

PALAVRA-CHAVE: ALEGRIA

A alegria é a expressão máxima do espírito e uma forma de amor. Imite as fadas, que expressam alegria em tudo o que fazem. Elas dançam e cantam enquanto cuidam de seus afazeres diários. A alegria é uma parte natural de seu ser. É seu direito de nascença. A alegria vem para aqueles que a acolhem em suas vidas. Alegre-se com todas as coisas. Veja os milagres ao seu redor. Muitos de nós tendem a afastar a alegria. Sentimos que não somos dignos de alegria por uma razão ou outra. Às vezes, temos medo de mergulhar em uma emoção muito intensa. Talvez tenhamos sido feridos ou a emoção tenha sido sufocada quando éramos crianças. Não se esqueça de que você é, por natureza, uma criatura alegre. É seu estado natural de ser. Você pode, a qualquer momento, deixar de afastar a alegria e permitir sua expressão em sua vida. Não se sinta culpado por sua boa sorte, mas, sim, alegre-se com ela. Quando você aceita mais amor e alegria em sua vida, eleva a qualidade de todas as outras formas de vida no planeta. Talvez não seja algo que você possa ver de imediato, mas é como a lei do Espírito funciona. Preste atenção, e você verá muitas coisas maravilhosas em seu mundo. Quanto mais se concentrar nessas bênçãos, mais bênçãos você atrairá para sua vida. Seja pleno de alegria! Mantenha o coração aberto!

CANTO

Eu encontro alegria em todas as coisas.
O riso preenche meu mundo.
A energia alegre flui para todos os que estão abertos para recebê-la.
Quanto mais eu amo, mais sou amado.
Milagres acontecem com frequência para mim, e eu sou abençoado.
Que assim seja!

Faça bolhas de sabão hoje... cor-de-rosa, se possível!

37. Iluminando o Caminho

PALAVRA-CHAVE: ILUMINAÇÃO

Todos nós desejamos orientação e ajuda ao longo do caminho, porém, às vezes, a orientação vem de dentro. Quando nos conectamos à energia do Espírito que habita cada um de nós, vemos com clareza o que devemos fazer. Alcance as estrelas! Permita que essa comunicação com o Espírito conecte você ao seu bem maior. Unir-se ao Espírito é tão fácil quanto reconhecer que você já é um só junto ao Poder Universal. Se você escolheu esta carta hoje, talvez ela queira dizer que você precisa fortalecer a confiança em sua Divindade. No final das contas, você deve ser a pessoa que mostra aos outros o caminho. Você segura a luz enquanto eles escalam o caminho da iluminação. Para fazer isso, você deve continuar sua jornada aprendendo e refinando sua própria verdade. Apenas por meio do exemplo podemos mudar nosso mundo, uma pessoa de cada vez. Contudo, se muitas pessoas segurarem a luz em muitos lugares, poderemos fazer mudanças num ritmo muito mais avançado. Esta fada segura a lanterna para que todos vejam, para que qualquer um que deseje subir o caminho possa enxergar melhor os apoios e evitar as armadilhas. Ela atingiu o pico mais alto. Seu rosto mostra que ela leva seu trabalho a sério. A orientação pode vir de muitas formas... das palavras de um amigo ou de um ente querido, ou de um conselheiro profissional. A orientação pode vir de um livro ou das palavras de um estranho. Ouça as informações que chegam até você e, então, sente-se e medite sobre elas. Você saberá se elas são válidas para você ou não se tiver abertura e disposição para ouvir sua verdade. Talvez seja seu destino ensinar ou aconselhar os outros.

CANTO

Cada passo da minha jornada é iluminado e seguro.
Eu me movo com confiança e segurança.
Dou boas-vindas à chance de iluminar o caminho para os outros.
Eu mantenho a luz elevada.
Que assim seja!

Acenda uma vela para alguém hoje!

38. Pedestal

PALAVRA-CHAVE: ESCOLHA

Olhe para esta carta. Esta criatura angelical está presa em círculos, mas suas amarras não são firmes. Ela pode escolher se desvencilhar a qualquer momento. As situações nem sempre são tão terríveis quanto parecem. Se você escolheu esta carta hoje, entenda que deve olhar com mais profundidade para as coisas que estão acontecendo em sua vida. Você está vendo todos os diferentes lados de uma situação? Talvez você esteja se sentindo amarrado, entretanto, cabe a você a simples escolha de decidir ser livre. Muitas vezes, nos prendemos a sistemas de crenças limitados e padrões de pensamento ultrapassados. Quais hábitos você pode mudar para se libertar de seu pensamento limitado? Muitas situações não são pretas ou brancas, boas ou más. É você que deve encontrar o meio-termo em sua perspectiva. Encontre um lugar onde possa se sentar e ver os dois lados. Peça clareza e veja todas as facetas antes de se decidir. Encontre seu pedestal, onde você pode ver sua verdade e liberar tudo o que não se encaixa na realidade escolhida. Escolha com sabedoria o que você almeja em sua vida. Todas as escolhas que fazemos criam uma vibração que afeta todas as outras vidas no Universo. Se alguém escolhe algo com sabedoria, esta será a melhor escolha para as outras pessoas. Você tem muito mais controle sobre sua vida e sobre as circunstâncias do que imagina.

CANTO

Eu sou um ser com o dom da escolha.
Eu estou aberto à verdade.
Eu escolho trazer para minha vida tudo de bom que existe para mim.
Eu escolho a liberdade.
Minha vida é abundante em opções positivas.
Eu escolho com sabedoria e com meu melhor interesse em mente.
Que assim seja!

Escolha o outro hoje!

39. Fada dos Livros

PALAVRA-CHAVE: INTELECTO

Esta carta fala sobre leitura, escrita, estudo e as atividades intelectuais em geral. Se você é uma pessoa que adora ler, vale a pena reservar um tempo para relaxar com um bom livro. Se não gosta de ler, pense no que está perdendo e considere começar a ler mais. Esta carta pode anunciar um momento de grande estudo e aprendizado. Talvez você esteja aprimorando sua educação e tenha muito o que ler. No entanto, há um cuidado que deve ser tomado, caso você esteja sempre com os olhos fixados num livro, excluindo pessoas e outras atividades: procure descobrir se você está tentando se esconder da vida. É divertido viver em outra dimensão por um tempo, mas tente voltar ao seu plano real de vida. Pode ser um momento para considerar a ampliação de sua educação.

CANTO

Princesas, goblins e coisas românticas,
tesouros, piratas e anéis mágicos.
Asas finas e o claro toque dos sinos;
banindo os dragões... e a multidão brada com aplausos!
Essas são as nossas histórias, e assim elas são contadas,
tanto dos mansos quanto dos ousados!
A vida é uma história sobre a qual escrevo.
Eu farei uma boa história repleta de luz brilhante!
Que assim seja!

Busque conhecimento hoje!

40. Dentes-de-Leão

PALAVRA-CHAVE: PERSPECTIVA

As fadas plantam suas sementes com muito cuidado. Elas escolhem as melhores; depois, as regam e as nutrem com ternura. As plantas crescem, as colheitas chegam e, com elas, trazem sementes mais perfeitas para o próximo plantio. Perceba que você projeta o que pensa em si, nos outros e nas situações. Seus pensamentos e suas palavras são as sementes que você planta. Quando fazemos declarações limitantes, estamos, na verdade, enviando energia que pode afetar outras pessoas. Não são meras palavras nem meros pensamentos; eles têm substância e poder! Os pensamentos criam a realidade. Avaliar uma pessoa ou uma situação de forma negativa gera, na verdade, essa situação. Pense no que você poderia criar pensando de forma positiva! Sempre há outra maneira de ver a realidade. O que você vê como realidade pode não ser o que outra pessoa vê. Pessoas e situações são sempre mais profundas do que parecem na superfície. Trabalhe para ver o lado bom em todas as coisas. Lembre-se de que a maneira como você percebe algo é um reflexo de suas emoções, que revela, portanto, mais sobre você do que sobre a pessoa ou a situação na qual você está focado. As situações que surgem na sua vida são, com frequência, aquelas que você espera que aconteçam. Esteja aberto às possibilidades. As sementes que você planta retornam para você... então, observe se você planta sementes de qualidade! Observe todos os diferentes lados de uma situação e procure ver do ponto de vista de outra pessoa. Que experiência de crescimento isso pode ser para você!

CANTO

Um lado escuro e um lado claro,
qual deles eu escolheria esta noite?
Eu lanço um pouco de pó de fada e
invoco os seres em quem confio.
Antigos protetores,
mostrem-me como usar essa perspectiva!
Que assim seja!

Plante algumas sementes hoje.

41. Cafeína

PALAVRA-CHAVE: MOTIVAÇÃO

As fadas confiam de um modo natural em sua conexão com o Espírito. Para elas, é uma segunda natureza! Elas consideram a vida emocionante e estão sempre prontas para um desafio. Você precisa de um impulso para estimular seu interesse pela vida ou é uma pessoa autodidata? Se depende de outros para ser motivado, então, você não está se conectando ao seu eu interior. Isso produz uma perda de confiança mesclada à ansiedade e à letargia. Quando sentir sua energia dispersa, procure força dentro de si. Visualize a ação de puxar a energia ao redor do seu corpo para um escudo protetor através do qual apenas a energia benéfica pode passar. Faça esse escudo formar cerca de sessenta centímetros ao redor de seu corpo. Concentre sua energia dentro desse espaço. Preencha-o por completo. Saiba que ninguém mais pode tirar sua energia e que ela vem de uma fonte constantemente reabastecida. Sinta sua conexão com essa parte mais sábia e elevada de sua alma. Essa é a entidade onisciente, que tem seus melhores interesses em mente. Lembre-se de visualizar isso várias vezes ao dia e de sentir a força dentro dessa concha protetora. Comece a procurar dentro de si as suas próprias respostas. Quando fortalece sua conexão com seu eu superior, você está se conectando com mais força à consciência universal... a toda a sabedoria. Sua confiança começará a aumentar, e sua letargia, a diminuir. Sua motivação será elevada, porque você se sentirá mais focado ao longo de sua jornada.

CANTO

Eu sou um autoiniciador!
Estou em total conexão com meu eu superior.
Tenho total capacidade para fazer o que eu escolho fazer.
Eu canalizo com liberdade, talento e entusiasmo.
Que assim seja!

Desenvolva uma dose tripla de confiança hoje!

42. Elemento Fogo

PALAVRA-CHAVE: PAIXÃO

As fadas são apaixonadas por tudo. Poderíamos tirar algumas lições do manual que elas têm sobre como viver a vida. Quando você pensa na palavra "paixão", seus primeiros pensamentos podem ser de romance. Aqui, quando falamos de paixão, estamos falando em termos de entusiasmo. É hora de acender sua paixão! O que o motivaria a pular da cama de manhã e encarar com ânimo um novo dia? Pense nas coisas que mais lhe interessam. Use toda a sua criatividade nesses pensamentos! Como você pode transformar sua paixão em algo que possa recompensar sua vida no âmbito financeiro? Quando descobrir o que mais adora fazer, o Universo trabalhará para ajudá-lo a receber o apoio necessário. Você deve acreditar o suficiente para permitir que isso aconteça. Seja seletivo a respeito do que você quer. Desejos como "Quero dormir o dia todo e não fazer nada!", em geral, não dão muito certo! Seja realista e pense nas coisas com clareza. Então, aplique todo o seu zelo em seu objetivo e faça acontecer! Não desista, caso leve tempo para encontrar sua paixão ou se demorar para ver resultados. Tudo acontece no perfeito tempo divino!

CANTO

Eu acordo com a expectativa da felicidade no início de cada dia.
Eu me recolho todas as noites, preparando-me para o outro dia.
Nada é bom demais para ser verdade!
Meus desejos na vida são orientados pela Divindade!
Que assim seja!

Estabeleça uma meta hoje!

43. Outono

PALAVRA-CHAVE: PERCEPÇÃO

No outono, as fadas apressam-se para verificar se todas as folhas estão caindo. Às vezes, uma folha precisa de um pequeno empurrão, e as fadas ficam felizes em ajudar! As fadas têm muito o que fazer antes de poderem descansar no inverno. Para nós, humanos, o outono é a época de deixar partir. Assim como as árvores retraem sua seiva no inverno, nós retraímos nossa energia. A carta do outono propõe que você armazene sua energia para si agora mesmo! Sinta suas energias começando a se acumular ao seu redor e puxe-as para perto de seu corpo. Conserve a energia! Se você tirou esta carta, significa que você deve deixar de lado os velhos hábitos e as ideias que tendem a ocupar energia que pode ser usada em outro lugar de uma forma melhor. É um período de seleção. Um momento para liberar "coisas" velhas e ver o que é de fato precioso para você e o que realmente quer manter em sua vida. Este pode ser um momento de eliminação, para que você possa fazer o trabalho de preparação para um novo projeto em sua vida. Se sua energia estiver mais baixa, não entre em pânico. Flua com os ciclos da natureza, descanse e relaxe. O outono nos oferece qualidades mágicas, que inspiram a reflexão e o pensamento. Vá mais fundo em suas raízes para refletir e perceber onde sua vida está indo e para onde você quer que ela vá. Também é um bom momento para escrever ou fazer um diário. Este pode ser um dia para você simplesmente se enrolar em um cobertor e assistir a um bom filme, tomando uma xícara de chá quente!

CANTO

Eu mergulho para o espaço mais profundo dentro de mim.
Eu experimento a descida para o centro de meu ser.
Uma calma profunda preenche meu corpo e minha alma.
Eu ainda sou, e com muita vida!
Eu sinto meu coração batendo em um ritmo forte e constante.
Eu estou aqui por mim.
Que assim seja!

Siga o vento hoje!

Dulcibell's Secret Admirer

44. O Dom Revelado

PALAVRA-CHAVE: SURPRESA

As fadas adoram boas surpresas. No entanto, quando se deparam com uma surpresa que não era bem aquilo que desejavam, fazem beicinho. Mas o beicinho logo se transforma num sorriso e em risadas, pois elas percebem que tudo vem com seu dom. Elas sempre procuram até encontrar a dádiva. Se a vida lhe der algo que não o emocione por completo, mantenha a mente aberta. Muitas vezes, as melhores coisas vêm ocultas. Olhe abaixo da superfície e veja o que uma pessoa ou uma situação reserva para você. Não se apresse em julgar uma pessoa nova em sua vida. Nem tudo é revelado na hora. Conecte-se com a pessoa e procure descobrir de onde ela vem. A experiência dela é diferente da sua. Então, reserve um tempo para ver o que a motiva e o que ela tem a oferecer. Ela é tão importante quanto você. Faça o mesmo com as situações... saiba que as aparências enganam. Lembre-se de que as soluções podem vir das maneiras mais estranhas quando você permite que elas venham à tona. Sempre peça ao Espírito para criar a situação perfeita para você. Encontre a dádiva em todas as coisas.

CANTO

Oh, Espírito da noite,
que esconde a luz do dia,
eu invoco sua sabedoria para que me ajude em meu caminho.
Para olhar abaixo da superfície e ver o que está dentro,
eu lanço um pouco de pó de fada para aspergir ao meu bel-prazer.
Eu não julgo o que vejo, mas olho e deixo estar,
pois sei que ao meu alcance um presente está a me esperar.
Que assim seja!

Surpreenda alguém hoje!

45. Hera

PALAVRA-CHAVE: FINANÇAS

As fadas não precisam se preocupar com finanças. Elas apenas acreditam que serão providas, e assim é. Essa confiança também tem muito a ver com as finanças dos humanos. Pedir e confiar que as coisas darão certo abre um caminho para que o seu bem maior chegue até você. Este é um momento em que as questões financeiras estão no auge em sua vida. Há oportunidades se abrindo para você. Mantenha os olhos abertos e se disponha a verificar quaisquer ofertas que surgirem em seu caminho. O Universo sabe do que você precisa e lhe proverá, caso permaneça firme na fé. Observe com cuidado como você usa o dinheiro que recebe. Você o usa com sabedoria? Está economizando um pouco a cada mês? Pagando as contas em dia? Se você não gosta de pagar contas, mude sua atitude e enfrente isso com alegria. Agradeça ao Espírito por ser capaz de pagar suas contas. Envie cada pagamento com uma bênção anexada, para que "... toda pessoa que entrar em contato com este dinheiro seja abençoada!". Com certeza, as finanças em sua vida darão uma guinada para melhor. Tenha confiança e acredite!

CANTO

Mãe, Deus Pai... Peço sua intervenção divina em meu favor.
Peço a solução perfeita.
Peço o momento perfeito para a manifestação da solução.
Estou disposto a aceitar sua orientação e sua sabedoria...
E espero os milagres,
que são uma demonstração do seu amor.
Que assim seja!

Guarde algum dinheiro hoje!

TROUBLE

46. Encrenca

PALAVRA-CHAVE: HONESTIDADE

Esta carta é um alerta para manter os olhos abertos e os ouvidos atentos. Alguém não está sendo tão honesto com você quanto poderia ser. Isso pode se referir aos negócios ou a um relacionamento. Há uma manipulação da verdade ou um encobrimento de fatos. É provável que você descubra tarde demais, a menos que preste atenção. Coloque a intuição em jogo e combine-a com a investigação de fatos. Ninguém pode manter uma venda sobre seus olhos por muito tempo! Esta carta também o está alertando para que tenha cuidado com suas palavras e ações. Lembre-se de que aquilo que você envia é o que recebe de volta. Essa é a lei do Universo. Seja honesto consigo mesmo. Encrencas quase sempre podem ser evitadas se estivermos atentos, escolhendo as palavras e ações com sabedoria e ouvindo nosso eu superior. Peça às fadas e aos anjos para que o ajudem a acessar sua energia mais elevada e de um modo melhor! Lembre-se de que você não precisa atrair situações negativas para sua vida. Escolha trazer situações alegres e positivas. Às vezes, a melhor ação pode ser simplesmente não agir.

CANTO

A verdade está dentro de mim.
Pessoas honestas me cercam.
Sou guiado em todas as coisas para o curso perfeito da ação.
Meu mundo é abundante,
e eu trabalho com a ferramenta da atração.
Que assim seja!

Resolva as coisas hoje!

MAGIC FISH

47. Peixe Mágico

PALAVRA-CHAVE: INTENÇÃO

Estes peixes podem ser mágicos, mas a magia é você quem faz! É por meio da intenção e da atenção que a mágica acontece. Considere o que você deseja manifestar. Use sua lógica para discernir se é um pedido responsável. Concentre a atenção em seu objetivo e siga em frente com o trabalho que você precisa fazer para realizar seus desejos. É por meio do foco, da intenção clara e da ação que você manifesta suas necessidades e seus desejos. Você não chegará a lugar algum apenas desejando e esperando. Deve haver uma ação lógica para trazer as mudanças que você almeja. Se pretende seguir uma determinada carreira, mexa-se e obtenha o treinamento e as habilidades necessárias. Se você deseja que alguém especial entre em sua vida, prepare-se para isso, pois, quando a pessoa aparecer, você estará disponível e será capaz de estabelecer um relacionamento. Você deve fazer a sua parte! Identifique o que deseja fazer; esse é um compromisso de trabalho que deve assumir consigo. Observe a clareza a respeito desse aspecto. Visualize-se diariamente na situação em que deseja estar. Peça ajuda aos elementais e ao Espírito para fazer isso acontecer. Peça ajuda para que eles o guiem, para que possa chegar à informação perfeita ou para conseguir entrar em contato com as pessoas certas. Peça a eles que organizem situações, tempo e resultados para o seu bem maior. Contudo, não negligencie sua parte no plano. Faça seu trabalho. Todo o poder de que você precisa estará aqui para seu usufruto. Lembre-se de que você está conectado à Consciência Divina e que esse poder está nas pontas dos seus dedos. Apenas direcione-o por meio da visualização, da ação e da oração. Confie e acredite.

CANTO

Oh, Mago Divino,
de onde o fluxo de energia criativa é direcionado,
com um coração amoroso, peço sua presença
em tudo o que eu escolher manifestar aqui na Terra.
À medida que eu tocar a energia fluente da criação,
forneça-me a orientação de que preciso para fazer escolhas certas.
Ao fazer isso, eu crio o que desejo
e o que pertence ao meu bem maior!
Que assim seja!

Pratique magia hoje!

48. Luz Noturna

PALAVRA-CHAVE: SONHOS

Esta fada descansa com tranquilidade, envolvida por inteiro na certeza de que sua fé a mantém segura em seu mundo. Esta carta mergulha nos reinos da precognição, da intuição e dos sonhos proféticos. Se você puxou esta carta, com quase toda a certeza, é uma pessoa com altas habilidades intuitivas. Você pode ser alguém que tenha sonhos precognitivos ou premonições. Sabe que o telefone tocará antes que ele toque e sabe quem está ligando! Você é uma pessoa que se aprofunda não apenas nos mistérios da vida, mas também em seu próprio ser. Você pode estar muito adiante em sua busca por conhecimento ou pode estar apenas começando a seguir essa busca por meio de *insights*. Leia tudo o que puder sobre os temas espirituais que o intrigam. Faça alguns cursos que forem acessíveis a você. Estude e aprenda. Esta é uma busca espiritual em que você está. Tenha fé e sempre peça que seus amigos elementais e prestativos o guiem e o protejam. Se você tem sonhos vívidos, talvez seja interessante manter um diário de sonhos. Mantenha um caderno e uma caneta ao lado da cama e, antes de dormir, à noite, lembre-se de que almeja acordar e registrar seus sonhos. Você pode se condicionar ou treinar para fazer isso e, depois, voltar a dormir com tranquilidade. De manhã, leia o diário e, se algo relacionado ao significado do sonho lhe vier à cabeça, anote-o. Leia-o de novo um ou dois dias depois. Talvez perceba que seu sonho foi profético ou que teve um significado que você não assimilou na primeira vez. Durante nosso estágio de sonho, nossa alma viaja um pouco, então, muitos de nossos sonhos são, na verdade, eventos que estamos vivenciando. Eles podem parecer confusos ou não fazer sentido, porque estamos tentando interpretar as informações por meio de nosso cérebro físico.

CANTO

Oh, Espírito,
peço que me desperte para o conhecimento do Universo.
Minha alma tem fome da sabedoria da criação.
Eu me abro para receber seu ensinamento.
Deixo de lado meus medos infundados e sigo em frente com fé.
Que assim seja!

Comece hoje mesmo a fazer um diário sobre sonhos.

2008

49. Pintando Papoulas

PALAVRA-CHAVE: CRIATIVIDADE

A criatividade pode ser tão simples quanto pintar papoulas. Os seres feéricos amam o que fazem. Cada pessoa tem uma área especial na vida, em que brilha. Cabe a você encontrar seu dom e nutri-lo de forma consciente. Se você ama o que faz de verdade, não pode deixar de ter sucesso. Não permita que outros lhe digam que seus sonhos são impossíveis. Se houver algo que você ama fazer, vá em frente! Peça ajuda às fadas para se conectar às energias criativas universais e a concentrá-las em seu trabalho. Se você escolheu esta carta, pode ainda estar procurando aquele dom especial que tem. Não sinta nenhum receio, você o encontrará. Ou talvez você saiba qual é o seu dom, mas hesite em se esforçar para desenvolvê-lo. Nesse caso, esta carta lhe recomenda que siga em frente! Pare de perder tempo! Alguns dons são mais tangíveis que outros. Você pode apreciar uma pintura ou ouvir uma pessoa tocando música, mas outros dons podem vir de maneiras mais sutis. Esteja disposto a explorar e descobrir qual é o seu dom. Quando você o encontrar, ame-o e, assim, saberá que ele é seu. É hora de abraçar sua confiança e sua determinação. O esforço colhe recompensas.

CANTO

Eu sinto a força criativa se movendo pelo meu corpo.
Eu sinto desejo por algo mais.
Meus dons emergem de dentro do meu ser.
Eu os emprego da melhor forma que posso...
em prol da iluminação e do regozijo de todos.
Que assim seja!

Faça algo criativo hoje!

50. Fada da Tatuagem

PALAVRA-CHAVE: ROTULAR

Esta carta fala sobre permitir que tanto você quanto os outros se expressem livremente. O " eca!" de uma pessoa pode ser o "ohhhhh" de outra! Tenha cuidado ao rotular os outros ou a si mesmo. Muitas vezes, presumimos que, se uma pessoa faz isso ou aquilo, então, ela deve ser de determinada maneira. Não damos a ela o benefício da dúvida ou a chance de mostrar quem de fato é. É uma injustiça colocar um rótulo em alguém só porque, por exemplo, a pessoa tem uma tatuagem ou parece diferente. Permita-se ver além das aparências, mostre-se como é de verdade. Quando nos rotulamos ou rotulamos os outros, limitamos as possibilidades. Restringimos nossas formas de expressão no momento em que nos inserimos em um molde. Abra-se a tudo o que você é e pode ser. Permita aos demais o mesmo respeito. Dê boas-vindas à diversidade das pessoas ao seu redor. A expressão criativa é algo muito pessoal. Cada um tem sua maneira de ser. Cuidado para não seguir a multidão ou as últimas modas. Descubra quem você é de verdade e seja essa pessoa. O que você é já é bom o suficiente! Esta carta também fala de símbolos. Procure símbolos em sua vida e veja como eles se manifestam. O que eles estão tentando lhe dizer? Existe um símbolo que tem um grande significado para você? Tanto que você deseja usá-lo em seu corpo como uma tatuagem ou uma joia? Se sim, ele carrega uma mensagem para você decifrar. Pode ser considerado um distintivo de honra.

CANTO

Através da luz dourada do reino,
vejo meu verdadeiro eu em toda a minha perfeição.
Eu vejo a perfeição de todas as outras pessoas
e honro o direito delas de serem exatamente como são.
Somos todos filhos e filhas perfeitos da Fonte Única.
Que assim seja!

Permita-se algo genuinamente criativo no dia de hoje!

51. Sussurros da Primavera

PALAVRA-CHAVE: CRESCIMENTO

Na primavera, o mundo ganha nova vida com um renascimento de cores, sensações e luz solar. Nem mesmo as chuvas da primavera podem manter nosso espírito abafado. É uma época favorita para o povo do Reino das Fadas! Há muito o que fazer. Nessa fase, os seres feéricos estão ocupados, ajudando a nutrir novas plantas e jovens criaturas. A primavera simboliza o crescimento. Visualize-se num dia brilhante de primavera... apenas inspire profundamente todos os aromas frescos. Sinta como o ar é limpo e refrescante, com o toque certo de calor. Sinta o cheiro das novas flores que estão se abrindo ao seu redor. Sinta a liberdade de sair sem casaco... ou sem sapatos, se preferir. Na primavera, há uma sensação de que tudo é possível. Não faltam esperanças. Traga a primavera para sua vida sempre que precisar. Se você escolheu esta carta, é um bom presságio de esperança e crescimento positivo. O que pode ter ficado estagnado, agora, ganha um novo impulso. Você está começando a ver a luz no fim do túnel. A vida é nova e abundante, e você está pronto para começar de novo. Tenha confiança em você e em seu destino. Você está no caminho certo. Neste momento, você pode estar começando um novo projeto, um novo trabalho ou um novo estudo. Aproveite a jornada!

CANTO

Eu respiro a essência da primavera em meu corpo.
Estou energizado e pronto para o próximo passo da minha jornada.
A esperança está dentro de mim em abundância e eu confio no meu bem maior.
Tudo está bem no meu mundo.
Que assim seja!

Visualize e nutra algum dos seus sonhos hoje!

BIRRA

52. A Criança Birrenta

PALAVRA-CHAVE: MIMADO

Se esta carta apareceu para você, pergunte-se: "Será que sou um tanto mimado?". Você tende a colocar seus desejos acima dos desejos alheios? Você negligencia os sentimentos dos demais ou trata as pessoas de forma rude? Você bate os pés, bate portas e fala alto para conseguir o que almeja? Sua mente está focada em acumular bens materiais? Você respeita os outros? Você se respeita? Olhe com profundidade para o seu caráter e identifique o que pode mudar em você. Uma "criança birrenta" nunca é feliz de verdade, não importa o quanto tenha ou com que frequência ela consiga o que deseja. A verdadeira felicidade vem do amor e do respeito a si mesmo. Isso permite que você ame e respeite os outros. A felicidade não vem de objetos materiais, embora não haja nada de errado em adquiri-los e apreciá-los. É normal tê-los, mas não os coloque acima de tudo. Devemos usar nosso poder para melhorar nossa vida de maneiras que demonstrem a abundância do Espírito. Isso vem de um lugar de equilíbrio. A felicidade deve vir de dentro. Abra-se para ela e permita que floresça dentro de você. Não é tarde demais! Seja gentil com você e com os outros. Seja paciente. Cresça e abrace uma vida adulta guiada pelo plano divino. A "criança birrenta" em você está apenas um pouco enganada... mostre-lhe o caminho, e ele o seguirá. Dentro de cada "criança birrenta" há um ser vibrante maravilhoso!

CANTO

Eu libero o velho egoísmo
e entro no meu padrão divino de ser.
Eu vivo em harmonia.
Eu abraço a vida e o meu bem maior.
Eu abraço minha expressão divina.
Eu recebo e aceito orientação no meu verdadeiro caminho.
Abro-me ao meu bem!
Que assim seja!

Ocupe-se com o seu Eu Interior hoje!

53. Fada dos Chakras

PALAVRA-CHAVE: ALINHAMENTO

Os *chakras* são esferas giratórias de energia que mantêm nossos corpos astral e etérico dentro de nosso corpo físico. Eles canalizam a energia que recebemos do Universo, colocando-a numa forma utilizável dentro do corpo humano. Essas esferas regulam e equilibram todas as energias que vibram através de nós. Tudo está bem enquanto esses campos de energia estão alinhados. No entanto, problemas podem surgir se eles ficarem bloqueados ou se girarem na vibração errada. Esses problemas podem envolver questões de saúde, condições mentais ou emocionais, baixa energia ou depressão. É uma boa ideia fazer um exercício de *chakra* todos os dias. Isso não toma muito tempo. Se você estiver sem tempo, peça aos seus ajudantes elementais que equilibrem seus *chakras* para você. Eles ficarão felizes em ajudar. Um método fácil para equilibrar os *chakras* se dá por meio da visualização. Sente-se em uma cadeira ou recline-se numa cama. Você pode acender uma vela ou pôr para tocar uma música suave. Apenas sinta-se confortável e aquecido o suficiente para relaxar por completo. Agora, comece a respirar de forma regular; então, faça respirações profundas e agradáveis e, depois de algumas inspirações e expirações, diminua a intensidade e passe para uma respiração regular e suave, assim como você faz quando vai dormir à noite. Visualize diante de si uma bela névoa vermelho clara... então, inspire essa névoa bem fundo e sinta-a em seu corpo... exale quaisquer energias negativas ou preocupações que possam estar incomodando você. Inspire essa névoa vermelha e sinta-a em seu corpo várias vezes, até sentir que terminou. Em seguida, visualize uma névoa laranja diante de você e comece a respirar essa névoa laranja clara e brilhante... continue com amarelo, depois verde, depois azul, depois índigo... até chegar ao violeta. Gosto de terminar visualizando a luz branca bem clarinha. É como o toque final que fortalece a conexão com o Espírito.

CANTO

Eu reconheço os padrões de energia
que fluem através e ao redor do meu corpo.
Essas energias estão em perfeito equilíbrio divino.
Minha saúde está radiante.
Minha mente está clara.
Estou em harmonia.
Agradeço ao Espírito.
Que assim seja!

Inspire, respire e faça uma pausa hoje!

54. Elemento Terra

PALAVRA-CHAVE: ATERRADO

A Terra nos sustenta. Ela nos dá tudo de que precisamos para sobreviver no plano físico. Sua beleza nos dá muito do que necessitamos no âmbito espiritual! A Terra nos fornece um palco no qual podemos representar nossas histórias de vida, crescendo e aprendendo enquanto o fazemos. Somos os pastores da Terra, junto aos elementais. É nosso dever e privilégio fazer o melhor para proteger a Mãe Terra. Podemos honrá-la protegendo a vida selvagem, a vegetação, as fontes de água e seu ar. Se a Terra não puder beber nem respirar, nós também não poderemos! Se seguirmos esses atos de respeito, entraremos em conexão com a Terra; seremos aterrados. Honrar a Terra é o aterramento definitivo! É importante reconhecer que o simples ato de vir à Terra é um ato de aterramento. Há muitas maneiras de aproveitar os efeitos relaxantes do aterramento. Tente meditar, tocar um tambor, cantar, caminhar numa floresta, abraçar uma árvore, acariciar um animal ou talvez atravessar um riacho. Tente passar o máximo de tempo possível em meio à natureza. Se você não pode estar lá fora, então, traga a natureza para dentro de sua casa... por meio de uma pedra, de flores ou de uma pena... qualquer elemento que lhe agrade!

CANTO

Clamo aos seres alados que venham e cantem comigo.
Tragam pó de fada para polvilhar ao redor da árvore antiga.
Tragam um tambor para tocar em homenagem à Terra.
Sobre ela, viemos hoje, para celebrar seu nascimento.
Um momento para curar suas feridas e mimá-la com amor.
Pedimos aos anjos que toquem para nós, com uma harpa das alturas.
Hoje, lançamos fora os velhos feitiços que a mantinham nas trevas,
e embarcamos agora para dar uma vida melhor a ela!
Que assim seja!

Passe algum tempo ao ar livre hoje!

2015

55. Pensando em Você

PALAVRA-CHAVE: SINCRONICIDADE

Você já pensou em alguém assim que o telefone tocou e, quando atendeu, descobriu que era essa pessoa que estava ligando para você? A vida nos apresenta muitos exemplos de sincronicidade. Não existem coincidências. Tudo acontece por uma razão, e a sincronicidade se manifesta com mais frequência quando estamos fortemente aterrados dentro de nós mesmos. Quando estamos bem aterrados, temos uma forte conexão com tudo em nosso universo. As conexões ajudam a nos colocar no lugar certo na hora certa. Nossa intuição é intensificada, e as coisas se encaixam com muito mais facilidade. Fluímos com a força vital universal, em vez de lutar contra ela. Portanto, tudo vem até nós de um modo natural e com mais facilidade. A vida se torna muito mais agradável e eficiente também. Trabalhe com o intuito de trazer mais sincronicidade para sua vida. Se a vida parecer frenética, pare, respire e se centralize. Encontre um lugar de paz interior. Peça ajuda aos elementais. Eles sabem tudo sobre paz e equilíbrio. Isso permitirá que você escolha melhor suas palavras e ações. Quanto mais você pratica esse equilíbrio, mais a sincronicidade tem a chance de trabalhar em sua vida para colocá-lo exatamente onde você precisa estar, no tempo divino perfeito. Sinta o ritmo da Terra e sincronize sua respiração com ele. O pulso da Terra é o seu pulso. A respiração da Terra é a sua respiração. Tudo é um só. Você se move com suavidade na jornada da sua vida.

CANTO

Criado na luz, fundamentado na pedra,
peço que a sincronicidade seja aqui mostrada!
Invoco os poderes do tempo e do lugar.
Trago o equilíbrio da Graça Divina.
Que assim seja!

Permita que uma pessoa especial saiba que você está pensando nela hoje.

56. Invasores

PALAVRA-CHAVE: LIMITES

As fadas também têm limites. Esses se mostram, em geral, na forma de feitiços mágicos lançados em lugares sagrados para manter afastados aqueles que porventura possam mexer em seus objetos sagrados. Elas também têm uma fronteira mágica invisível em torno de seu reino. Não é fácil romper essa fronteira, mas isso pode ser feito quando conhecemos as palavras secretas! Você está tendo problemas para respeitar os limites das outras pessoas? Alguém não está respeitando os seus? Uma terceira pergunta é "Que tipos de limites ou fronteiras estou impondo a mim?". Essas são perguntas para se fazer com o intuito de descobrir qual é a área da sua vida que exige de você mais trabalho. Você não pode esperar que os outros respeitem os seus se você não estabelecer com clareza quais são. Você deve declarar de modo objetivo e honesto e mostrar às outras pessoas onde estão traçados os seus limites. Seja gentil, mas claro, a respeito de suas expectativas. Por sua vez, respeite os das outras pessoas também. Os assuntos delas são delas. Tenha cuidado para não fofocar nem espalhar boatos. Cuidado para não falar alto no celular em locais públicos, invadindo o espaço dos outros. Limites podem ser ultrapassados de muitas maneiras, por isso, cabe a você pensar antes de fazer. Esta carta também o convida a considerar os limites que colocamos sobre nós. Muitas vezes, impomos limitações a nós mesmos em consequência da falta de confiança, do autorrespeito ou até mesmo da falta de conhecimento. Liberte-se de quaisquer restrições injustificadas que você tenha assumido. Liberte hábitos e padrões de pensamento limitantes. O dragão em seu portão pode proteger ou atrapalhar você. O que você vai pedir para ele fazer?

CANTO

Eu venho para a ponte das fadas e digo as palavras mágicas.
Que todos os limites falsos saiam de mim.
Eu venho com uma mente clara e o espírito livre.
Estou aberto a possibilidades.
Eu sou respeitado e respeito os outros.
A harmonia mora em minha alma.
Que assim seja!

Liberte-se de falsos limites hoje mesmo!

57. Elemento Água

PALAVRA-CHAVE: FLUXO

A água é o elixir da vida na Terra. Também é um símbolo do fluido astral (ou da Energia Universal) que permeia todas as coisas. A água merece nosso respeito e nossa gratidão, pois, sem ela, não há vida. Honre-a e entenda o que você, como ser humano, pode fazer para proteger sua pureza e não a desperdiçar. O elemento água é associado com frequência ao feminino divino. É relativo ao amor, à fertilidade e à emoção e está ligado à mente subconsciente. A água não tem um estado fixo, ela se encontra em um estado constante de fluxo. Se esta carta apareceu para você hoje, procure apreciar a água de modo consciente e observar o que ela faz por você. Observe com cuidado todas as maneiras como você usa água. Quanto você se vale dela? Você desliga a água enquanto escova os dentes? Você sente uma gratidão consciente pela água? Talvez queira analisar suas emoções para ver se elas estão conturbadas ou equilibradas. Embora seja natural que as emoções flutuem, peça à Fada do Elemento Água para ajudar você a mantê-las em equilíbrio. A fada da água dança no fluxo de energia ao seu redor. Ela é alegre e flutuante enquanto se move com a corrente. Ela não luta contra isso, ela se movimenta conforme o fluxo. Ela sabe que essa energia fluida a levará até onde ela precisa estar e trará o que necessita e almeja. Como a água está associada à mente subconsciente, você também pode estar focado numa necessidade de seguir seu subconsciente. Mergulhe direto na profundidade de seus sonhos noturnos e explore seus conteúdos. Se reservar um tempo para se concentrar em seus sonhos, você perceberá quantas mensagens estarão disponíveis. Preste atenção em sua intuição, pois ela trabalha para guiar sua vida diária. Peça ao elemento água para purificar suas emoções e suas intenções. Peça que o ajude a ver com clareza, como em uma piscina de águas tranquilas, o que você precisa saber sobre si mesmo num nível mais profundo. Você poderá se surpreender de um modo agradável com o que descobrir sobre si.

CANTO

Eu honro a fluidez da vida.
Eu danço no espírito da água.
Eu bebo em sua substância, profundamente.
Sou assim sustentado!
Que assim seja!

Tome um banho. Purifique-se e seja alegre hoje!

58. Reflexões

PALAVRA-CHAVE: ESPELHO

É hora de se olhar no espelho. O que esta pessoa no espelho, da qual você está sentindo raiva, reflete de volta para você? O que você precisa mudar dentro de si? Muitas vezes, quando temos algum problema com alguém, precisamos olhar para o que achamos desagradável no outro e verificar se não temos esse mesmo defeito. Não podemos reconhecer algo em outra pessoa a não ser que o identifiquemos em nós mesmos primeiro. Talvez você se aborreça se alguém o cortar no trânsito. Talvez você diga "Eu nunca faria isso!". Bem, há outra maneira de cortar as pessoas em sua vida? Será que, quando alguém quer conversar com você, sua resposta não é algo como "Não me incomode!"? Há diversas maneiras pelas quais os outros espelham nosso comportamento de volta para nós. Nem todo espelhamento é negativo. Você só é capaz de ver algo bom em outra pessoa se houver algo bom em você. O ego é uma parte humana da nossa consciência. É a parte que está em contato com nossa realidade externa. Às vezes, ele se torna exagerado. Isso acontece quando nos esquecemos de que somos um só com o Espírito. Quando nos lembramos de nossa verdadeira identidade, não há necessidade de inflar nosso ego de um modo falso. Sabemos que somos intrinsecamente divinos. Nossos egos se tornam inflados em virtude da falta de fé no Espírito... ou em nós mesmos, pois somos parte do Espírito. A falta de fé leva ao medo e à incerteza... começamos a nos sentir menos adequados. Quando uma pessoa está segura de si mesma, percebe que sua vida se torna cada vez mais pacífica e abundante. É exatamente assim que deveria ser.

CANTO

Oh, espelho da Divindade,
o que é que você reflete para mim?
Talvez eu tenha que enxergar
o que está de verdade dentro de mim.
Que assim seja!

Faça um exercício de não inflar seu ego hoje!

59. Violeta Selvagem

PALAVRA-CHAVE: ROMANCE

Pode ser hora de animar um romance atual ou de dar boas-vindas a um novo amor em sua vida. Pense em todas as coisas românticas que você pode fazer! Sempre ouvimos falar sobre os romances dos contos de fadas, mas, como as fadas podem confirmar, isso não acontece sem algum esforço. Um relacionamento deve ser baseado em respeito mútuo, honestidade e amor. Pequenas coisas ajudam muito a avivar um relacionamento. Há o beijinho na bochecha, assim, apenas casual... ou o abraço na porta. Ouvir de verdade seu parceiro ou sua parceira é essencial para todo relacionamento. Obtenha os alicerces básicos do relacionamento e continue construindo. Mesmo que não esteja agora em um relacionamento com outra pessoa, você pode se presentear criando um espaço em sua casa para se dar um mimo. O romance não é apenas para alguns. Que tal colocar uma linda toalha de mesa e flores em um vaso... música suave para relaxar ou uma boa taça de vinho para beber diante de uma lareira quentinha? Você vale a pena. Como você pode colocar mais romance em sua vida?

CANTO

Oh, grande deusa da Luz,
traga romance para minha vida.
Lance sobre mim um feitiço de atração.
Traga-o de um poço de desejos.
Faça-o forte e verdadeiro.
Por isso, envio minha gratidão a você.
Que assim seja!

Escreva uma carta de amor para você!

60. Elemento Ar

PALAVRA-CHAVE: VENTO

Sinta o vento num dia tempestuoso, enquanto ele sopra direto em seu rosto e joga seu cabelo num fluxo reverso. Observe como se sente quando o vento alcança as diferentes áreas do seu corpo. Sinta como sua corrente se move ao seu redor e faz esvoaçar suas roupas. Escute-o! Às vezes, parece que o vento está emitindo um fluxo de palavras enquanto ruge ao seu lado. Há uma presença poderosa no ar... uma grande força. Você pode senti-la enquanto se prepara para seu impacto. Este poder está lá para você aproveitar. Imagine-se um ser único, integrado com o vento... reforçado por sua energia. Da próxima vez que houver uma brisa um pouco mais forte, saia e corra com ela. Já observei minha gata fazendo isso, e parece que ela fica num estado totalmente alterado quando corre com essa brisa. Ela fica eufórica! Os animais, assim como as fadas, sabem por instinto o que fazer! O que você gostaria que o vento soprasse para você? Para onde você gostaria que ele o levasse? A brisa e o vento são exemplos perfeitos do incrível poder do Universo.

CANTO

Oh, vento sempre poderoso,
abrace-me em seu meio turbulento.
Sussurre as antigas palavras de magia em meus ouvidos,
para que eu possa aproveitar sua força e seu poder.
Em seus braços ondulantes, você me traz o meu bem maior!
Que assim seja!

Saia para andar de bicicleta e sinta o vento no seu rosto hoje!

61. Desejo Saúde a Você

PALAVRA-CHAVE: TOTALIDADE

Esta é uma carta de saúde. Se você almeja encontrar a plenitude em sua integridade física, então, é hora de fazer o que for preciso para quebrar o feitiço da doença — num nível físico, mental ou espiritual. Todos esses níveis devem trabalhar juntos para que você seja o melhor que consiga ser. Também deve reconhecer que a ausência de integridade ou a sensação de que algo está faltando não passam de mera ilusão. Primeiro, compreenda sua perfeição divina, entenda que você é agora e sempre será uma pessoa íntegra! Atraia essa integridade para si e mescle-a ao seu corpo. Trate seu corpo muito bem com uma boa dieta, exercícios e pensamentos amorosos. Se for hora de um *check-up*, então, faça um. Sempre há algo que você pode fazer para honrar seu corpo e torná-lo um lugar mais feliz para habitar. Em alguns momentos, você tem de se colocar acima dos outros para ter um descanso adequado e aliviar as tensões em sua vida. Esse não é um ato egoísta, pois você deve estar em ótimas condições para dar o seu melhor para si e para as demais pessoas. Perdoe a si mesmo e aos outros por quaisquer ações passadas, pois guardar arrependimentos consome muita energia, que poderia ser usada em outro lugar. Siga em frente. Ame-se! Saiba que você é digno de boa saúde e felicidade.

CANTO

Eu mereço a dignidade de um bom descanso.
Eu mereço a dignidade de ter boa comida.
Eu mereço a dignidade de desfrutar de boa saúde.
Eu mereço a dignidade de tudo o que é bom na vida.
Que assim seja!

Ligue para um amigo hoje!

62. Fada do Brownie de Chocolate

PALAVRA-CHAVE: DESFRUTAR

A Fada do *Brownie* de Chocolate tem tudo a ver com a doçura da vida. Permita-se participar de toda a doçura que a vida tem para oferecer. Viva o momento. Veja alegria em todas as coisas, desde a menor borboleta até a beleza dos picos mais altos. Ria o máximo que puder, sobretudo se for de você. Se tiver a oportunidade de partir para uma aventura, tenha suas malas prontas e esperando. Conheça novas pessoas e aproveite coisas interessantes. Aprenda algo novo a cada dia. Encontre diversão e aventura até nas coisas mais simples. Faça da sua vida uma festa. Lembre-se de brincar e, se tiver de trabalhar, traga o espírito de brincadeira para o seu local de trabalho. Abrace toda a vida ao máximo. Alegre-se por estar nesta Terra. Demonstre sua gratidão por esta experiência. E, acima de tudo, coma mais chocolate!

CANTO

Meu coração está leve e meu espírito canta.
Nada me preocupa!
Sinto felicidade e disposição, estou pronto para ir...
Eu salto na corrente da vida e apenas sigo o fluxo!
Que assim seja!

Deleite-se com um chocolate hoje!

mito humano
mito humano
2001

63. Mito Humano

PALAVRA-CHAVE: CONEXÃO

Esta fada dragão está lendo sobre o mito humano. Ela tem certeza de que existimos, porém, às vezes, ela precisa de um pouco de segurança para manter sua fé. Ela sabe que o Espírito existe, pois ela é muito consciente de sua conexão com a natureza e a criação. O mito humano é que "somos separados do Espírito". Essa é a história que nós, como humanos, tendemos a nos contar. Devemos reconhecer nossa unidade com tudo o mais na existência. É uma pena perder tanto tempo negando nosso lugar no Universo. Às vezes, a realidade diária atrapalha a nossa capacidade de sentir a conexão com o Espírito. É neste momento que precisamos ler um livro inspirador ou meditar ou, ainda, apenas caminhar na floresta e sentir a conexão com tudo ao nosso redor. Lembre-se de que todas as coisas estão conectadas. Tudo o que você faz afeta todo o restante no Universo. Toda ação e todo pensamento criam uma vibração que continua muito depois que o evento é esquecido. Sim, você existe e está conectado ao Espírito e a toda a criação. Lembre-se de que, com um único pensamento, você inicia um processo de criação. Crie algo maravilhoso para si. Toda a criação *colherá os benefícios.*

CANTO

Fadas queridas, fadas doces...
Se, por acaso, nos encontrarmos em breve...
É verdade que eu de fato serei.
Deixe seu reino e venha ver.
Bata suas asas enquanto recua,
e eu sentirei o ar.
Eu saberei que você veio para me saudar,
e eu encontrarei você lá.
Que assim seja!

Leia uma história inspiradora hoje.

64. Lar, Doce Lar

PALAVRA-CHAVE: RETORNO

Esta carta se divide em três níveis. 1) Ela fala sobre retornar às suas raízes. Isso pode envolver uma viagem para a casa da sua infância ou de um parente. Envolve pensar em velhas memórias do passado... e talvez liberar aquelas que não são muito boas. A idade e a vida trazem mais compreensão aos eventos que aconteceram no passado. As lições agora são mais fáceis de entender e absorver. 2) Esta carta também se refere à casa onde você mora agora. Se você não se sente confortável onde está morando, comece a procurar uma nova casa ou comece a fazer coisas em seu lar para torná-lo mais confortável. Pode ser o momento de realizar um pequeno reparo ou uma decoração; de renovar um pouco as coisas. 3) Para aqueles que estão prontos para ouvir, esta carta é sobre consciência. Consciência, neste caso, se refere a atingir aquele ponto em sua espiritualidade em que você, de repente, sente sua conexão com a única fonte. É quando você de fato entende que está conectado ao Espírito e que sempre esteve e sempre estará. É quando descobre que você faz parte de algo muito maior do que apenas seu ser físico aqui na Terra. É uma sabedoria que vai ao núcleo do seu ser. Você tem um papel integral em toda a existência. Quando você começa a compreender sua própria divindade, começa a ser mais gentil e a viver a vida com mais plenitude, dando graças por tudo o que entra em sua vida. Esta carta revela que todos nós voltamos para casa quando nossa viagem na Terra termina. Não é uma carta sobre a morte, e não faz previsões sobre isso. Ela apenas pede que você reconheça seu eu divino. Com esse reconhecimento, vem uma paz diferente de tudo o que você já experimentou. É como se você fosse absorvido pela energia branca brilhante da criação. Embora todos nós voltemos à fonte quando deixamos nosso corpo físico, não perdemos nossa individualidade. Assim, não tema que isso aconteça. Fique em paz. Seja confortado na consciência de que você sempre tem um lar esperando por você!

CANTO

Eu sou.
Eu sempre fui.
Eu sempre serei.
E que assim seja!

Bata os calcanhares três vezes hoje!

Sobre a Autora

Nancy Brown (mãe de Amy Brown) mora há muito tempo na bela região noroeste do Pacífico. Além de criar três filhos ao lado de Michael, seu marido, ela passou anos vivendo como leitora de cartas e conselheira espiritual. Sempre interessada em escrever, Nancy se emocionou com a oportunidade de redigir o guia para o primeiro baralho de cartas na forma de oráculo feito por Amy. A arte caprichosa de Amy e a intuição espiritual de Nancy foram a combinação perfeita e natural para o *Tarô Mágico das Fadas*.

Sobre a Ilustradora

Amy Brown mora no noroeste do Pacífico com sua família e vários *goblins* domésticos e *trolls* de jardim. Ela começou a pintar fadas em 1994 e, desde então, nunca parou. Ela criou a arte para o *Tarô Mágico das Fadas*. Neste trabalho, Amy usa sobretudo aquarelas, mas não se importa em jogar um pouco de tinta, utilizar-se de lápis de cor ou de qualquer outra coisa que ela possa encontrar. Inclusive, pode haver até um pouco de pó mágico lançado sobre ele.

Anotações

Anotações

Notes

U.S. GAMES SYSTEMS, INC.
179 Ludlow Street
Stamford, CT 06902 USA
203-353-8400
Order Desk 800-544-2637
FAX 203-353-8431